C.H.BECK WISSEN

Das Gebiet der heutigen Republik Österreich bildete bis 1806 einen Bestandteil des Heiligen Römischen Reiches. Ist die Geschichte Österreichs daher eine der Landesgeschichten der seit dem späten Mittelalter immer klarer erkennbaren Territorien des Reiches? Drei wesentliche Faktoren unterscheiden die Entwicklung Österreichs von der anderer Länder des Reiches. Zum ersten war dieses Gebiet die «Hausmacht» der habsburgischen Dynastie, die von 1438 bis 1806 mit einer kurzen Ausnahme den Herrscher des Heiligen Römischen Reiches stellte. Zweitens kam es schon vor der habsburgischen Herrschaft durch die spezifische Randlage und die besondere Rechtsstellung der Mark Österreich zu einem Phänomen, das man als «Hinauswachsen aus dem Reich» bezeichnet, und drittens bildete dieses Österreich nach 1918 einen eigenen Staat, der zwar um seine Identität rang, aber realpolitisch ein souveräner Staat war.

Wie sich die Geschichte Österreichs von den Anfängen bis zum Beitritt zur EU gestaltete, wo seine Grenzen im Laufe von mehr als eintausend Jahren verliefen, welche Bedeutung die Religion für das Land hatte, welche kulturelle Blüte es hervorbrachte, aber auch wie es zum Niedergang der politischen Kultur in der Zeit des Austrofaschismus und des Nationalsozialismus beitrug, schildert Karl Vocelka in eindrucksvoller Klarheit und Anschaulichkeit in diesem kleinen Band.

Karl Vocelka lehrt als Professor für Österreichische Geschichte an der Universität Wien. Bei C.H.Beck ist von ihm lieferbar: *Sisi. Leben und Legende einer Kaiserin* (zus. m. Michaela Vocelka, 2014).

Karl Vocelka

ÖSTERREICHISCHE GESCHICHTE

Verlag C.H.Beck

Mit 2 Karten
auf der vorderen und hinteren Innenseite des Umschlags
(gefertigt von Angelika Solibieda, cartomedia, Karlsruhe)

1. Auflage. 2005
2. Auflage. 2007
3. Auflage. 2010

4., aktualisierte Auflage. 2014

Originalausgabe

Gesamtherstellung: Druckerei C.H.Beck, Nördlingen
Umschlagentwurf: Uwe Göbel, München
Printed in Germany
ISBN 978 3 406 50869 1

www.beck.de

Inhalt

Gibt es eine österreichische Geschichte?

Natürlich ist die Frage rhetorisch, sonst hätte man dieses Buch nicht schreiben dürfen. Aber sie hat auch eine gewisse Berechtigung, weil man für verschiedene Epochen Schwierigkeiten hat zu definieren, was denn «Österreich» bedeutet. Am einfachsten scheint das für die Geschichte von 1918 bis zur Gegenwart – sieht man von der schrecklichen Epoche Österreichs in der Historie während des Dritten Reiches (1938–1945) ab. Doch das Gebiet der heutigen Republik wurde und wird von vielen HistorikerInnen zurückgespiegelt in die Vergangenheit, und damit wird «österreichische Geschichte» vor 1918 als die Geschichte dieses Territoriums beschrieben. Die unhistorische Perspektive, die dahintersteckt, ist leicht zu erkennen. Selbst wenn man diese Grundannahme akzeptierte, käme man im Detail in Schwierigkeiten. Wie verhält es sich etwa mit Südtirol/Alto Adige, das historisch natürlich ein Teil Tirols ist, oder – um eine andere Perspektive zu zeigen – was ist mit dem Burgenland, das historisch zu Ungarn gehörte?

Die Ausrufung der Republik Deutsch-Österreich im Jahre 1918 hatte ja ein doppeltes Programm: Einerseits sollte dieser Staat alle in der Monarchie lebenden Deutschen vereinen – was durch die Ansprüche der Nachbarstaaten und Siegermächte nicht möglich war –, und andererseits sollte 1918 kein selbständiger Staat gegründet werden, weil sich die Republik Deutsch-Österreich als Teil der Deutschen Republik verstand. Dieser nationale Zusammenschluß nach dem Selbstbestimmungsrecht der Völker wurde von den Siegermächten des Ersten Weltkrieges verboten. So ist der Staat von 1918 eine mehr oder weniger zufällige Konstruktion, die erst spät von der Mehrzahl seiner Bewohner akzeptiert wurde, keineswegs aber ein historisch gewachsenes Ganzes.

Noch schwieriger ist die Frage, was denn «Österreich» bedeutet, zu beantworten, wenn man in die Zeit der Habsburgermonarchie zurückblickt. Sicherlich gab es einen Teil der Monarchie, die Erbländer, der im Volksmund als «Österreich» bezeichnet wurde, aber dieser bestand wieder aus historischen Individualitäten, die oft erst sehr spät zu diesem habsburgischen Staat gefunden hatten. Ein gutes Beispiel ist etwa Salzburg, das bis 1803 ein selbständiger geistlicher Staat unter der Herrschaft des Erzbischofs war und dann nach einigem Hin und Her schließlich erst 1815 im Wiener Kongreß endgültig an die Habsburgermonarchie fiel. Während Steiermark und große Teile Oberösterreichs (nicht das Innviertel) schon in der babenbergischen Zeit mit dem niederösterreichischen Kernland «Österreich/Ostarrichi» vereint wurden, hatten die anderen heutigen Bundesländer wie Kärnten, Tirol und Vorarlberg im Mittelalter eine eigenständige Entwicklung und kamen erst im 14. Jahrhundert (in Vorarlberg dauerte der Prozeß der Landeswerdung sogar bis ins 19. Jahrhundert) zum habsburgischen Besitz. In diesen Ländern gab und gibt es ein ausgeprägtes Landesbewußtsein, das sich auf die historische Einheit des Landes, nicht auf «Österreich» bezieht.

Wenn man der Frage nachgeht, was denn das Spezifische an der österreichischen Geschichte sei, so wird man über weite Strecken feststellen, daß sich die Grundzüge der Geschichte Österreichs nicht so wesentlich von denen anderer Länder unterscheiden, wie das die ältere Geschichtsschreibung herausarbeitete. Nur ein Beispiel für viele: Beim wichtigsten Privileg für die Babenberger in Österreich, dem *Privilegium minus* von 1156, stellte die ältere österreichische Forschung immer seine Einmaligkeit in den Mittelpunkt. Gibt man diese Nabelschau auf, so kommt man zu dem Schluß, daß auch andere Länder des Reiches in etwa dieser Zeit durchaus ähnliche Privilegien und Vorrechte (wie das weibliche Erbrecht oder die alleinige Gerichtsbarkeit des Landesherrn etc.) erhalten haben.

Das Jahr 996 wird immer wieder «Geburtstag» oder etwas zutreffender «Namenstag» Österreichs genannt und wurde im Laufe der Geschichte Anlaß für identitätsstiftende Feiern und Ausstellungen. Was damals eigentlich passierte, war, daß ein kleiner Teil des Donautales, der noch nicht einmal Wien umfaßte, in einer Urkunde «Ostarrichi» genannt wurde. Damit war etwas entstanden, das erst nachträglich Sinn bekam, denn bis weit hinein in das späte Mittelalter war nicht ausgemacht, daß gerade von diesem Gebiet, dem Kernstück der babenbergischen Mark, die sich später auf ganz Niederösterreich ausdehnte, der staatenbildende Impuls ausgehen würde.

Doch ist die Geschichte dieser einzelnen Teile Österreichs nicht von der Gesamtheit zu lösen, wie auch die Geschichte der (vorwiegend deutschsprachigen) Erblande nicht von der Geschichte der Gesamtmonarchie zu lösen ist. Nur eine – an den Rändern möglicherweise unscharfe – Zoomaufnahme der Situation entspricht der historischen Realität. So wird in diesem Büchlein zwar die Geschichte des Gebietes, das den heutigen Staat der Republik Österreich bildet, im Vordergrund stehen, aber der Kontext der Gesamtmonarchie soll soweit als möglich im Auge behalten werden. Für eine ausführlichere Geschichte Österreichs wäre in diesem Zusammenhang eine Reihe von Fragen – das Verhältnis zum Heiligen Römischen Reich Deutscher Nation sowie zur Habsburgermonarchie, aber auch Fragen der nationalen Identität («deutsch» oder «österreichisch») – zu stellen, die vor allem im 19. und 20. Jahrhundert an Brisanz gewonnen haben und bis in die Gegenwart hinein wirken.

Österreich vor der ersten Erwähnung des Namens Ostarrichi (996)

Das Gebiet des heutigen Österreich hatte Anteil an den verschiedenen Phasen der urgeschichtlichen Kulturen Europas; die Kelten bildeten schließlich in diesem Raum ein Reich, das später von den Römern übernommen wurde. Mit dem Ende des Weströmischen Reiches beginnt eine unruhige Zeit für das Land, die aber auch Grundlagen für dessen weitere Geschicke schuf.

Christianisierung und bayerische Besiedlung

Als die Hunnen um 375 in Europa einfielen, gerieten die verschiedenen Bevölkerungsgruppen in Bewegung, die Völkerwanderungszeit begann. Für das Gebiet Österreichs war die Folge davon der Abzug der Romanen, der zugleich das Ende der römischen Herrschaft besiegelte.

395 zogen die Goten durch das Land, die Hunnen besetzten wenig später Pannonien, und um 500 folgten die Langobarden, deren Gräberfelder in Niederösterreich Belege für die kurzfristige Anwesenheit dieses Stammes liefern. Alle diese Völker hinterließen keine bleibenden Spuren in Ortsnamen oder innerhalb der Bevölkerung; erst mit dem 6. Jahrhundert begann eine neue Besiedelung, die langfristig prägend wirken sollte.

Politisch tragend war jene Bevölkerungsgruppe, deren Spuren nur archäologisch belegt sind, die Awaren. Sie kamen aus den Steppen Asiens und wurden erstmals 558 am Hofe Justinians faßbar; sie beherrschten in der Folge Pannonien, und in ihrem Gefolge kamen Slawen in das Gebiet des heutigen Österreich, deren Siedelgebiet durch Ortsnamen heute noch gut zu erschließen ist. Im Osten Österreichs (um 700 hatte sich eine Siedlungsgrenze vom Pustertal über die Hohen Tauern, das Ennstal, Salzkammergut, die Traun und das Mühlviertel gebildet) lebten slawische Siedler, im Norden die Mährer und im Süden die Slowenen. Etwa zur gleichen Zeit kamen vom Westen her die Bayern ins Land, deren Ethnognese (Stammesbildung) ein ungelöstes Forschungsproblem darstellt. Viele Namen in Österreich, die auf -ing und -heim enden, geben Zeugnis von dieser ältesten Schicht der Besiedelung. Tendenziell wurden die Slawen im Laufe der Zeit immer weiter von den Bayern zurückgedrängt, ein Prozeß, der sich bis ins 20. Jahrhundert hinein vollzogen hat.

Die bayerische (und in Vorarlberg alemannische) Besiedlung ging Hand in Hand mit der Christianisierung des Alpen- und Donauraumes. Ob das spätantike Christentum weiterlebte, ist in der Forschung umstritten; die ersten Anstrengungen zur Bekehrung in Österreich gingen von den Merowingern und den bayerischen Herzögen aus dem Geschlecht der Agilolfinger aus.

Irische Missionare waren die ersten, die ins Land kamen, Columban (um 600) im Raume Bregenz, später sein Schüler Gallus, aber auch Eustasius, der die Bayernmission betrieb. Um 690 gründete Rupert die Erzabtei St. Peter in Salzburg, einer Stadt, die seit dem 8. Jahrhundert das Zentrum der Missionierung im Ostalpenraum werden sollte; unter dem in Salzburg wirkenden Iren Virgil begann die Bekehrung der Karantanen in den Ostalpen. Eine ähnlich wichtige Rolle spielte die Diözese Passau, deren Missionsgebiet den Donauraum bis weit hinein nach Ungarn umfaßte. Auch die bayerischen Herzöge waren an der Missionierung beteiligt, Odilo gründete das Kloster Mondsee (748), und sein Sohn Tassilo III. stiftete ebenfalls einige Missionsklöster (Innichen/San Candido 769, Kremsmünster 777 und Mattsee 784), die der Bekehrung der Slawen dienten und Zentren der Kultur der Zeit waren.

798 wurde Salzburg Erzbistum mit den Suffraganen Regensburg, Passau, Freising und Säben/Sabiona; man schuf damit langfristig eine kirchliche Organisation, die bis zum Ende der Frühen Neuzeit überlebte. Die von Salzburg im Hochmittelalter gegründeten Eigenbistümer Gurk, Seckau und Lavant waren der Kern der späteren Landesbistümer in der Steiermark und in Kärnten. Passau, das bis 1785 Nieder- und Oberösterreich zu seinem Diözesangebiet zählte und bis weit nach Ungarn hinein missionierte, konnte trotz der Versuche Bischof Pilgrims (in den «Lorcher Fälschungen» berief er sich auf eine ältere Bischofstradition als Salzburg) mit der Stellung Salzburgs nicht konkurrieren.

Mittelalterliche Landesbildung

Nach der Entmachtung des letzten bayerischen Stammesfürsten Tassilo III. 788 und den erfolgreichen Awarenkriegen Karls des Großen wurde das Gebiet des heutigen Österreich Teil des karolingischen Markensystems. Ende des 9. Jahrhunderts geriet diese politische Ordnung durch den Einfall der Magyaren, die sich in der ungarischen Tiefebene niederließen, aber Raubzüge quer durch Europa unternahmen, erneut in die Krise. 907 kam es bereits zu einer Schlacht mit ihnen bei Preßburg/Bratislava, in der Markgraf Luitpold (vielleicht ein Ahne der Babenberger) getötet wurde. Erst der Sieg gegen die Ungarn auf dem Lechfeld 955 eröffnete die Möglichkeit einer Neuordnung des Donauraumes.

Die Babenberger und die Landwerdung Österreichs

976 verkleinerte Kaiser Otto II. das bis dahin mächtige Herzogtum Bayern und trennte Kärnten als eigenes Herzogtum ab. Im selben Jahr wird auch der «marchio Luitpoldus» (Leopold I.) erwähnt, der die Dynastie der Babenberger, die bis 1246 in Niederösterreich (später auch in Oberösterreich und Steiermark) regieren sollte, begründete. Über die Herkunft der Familie weiß man nichts Konkretes; trotz der Quellenarmut der Zeit waren aber durch die besitzgeschichtlich-genealogische Methode viele Erkenntnisse über diese Zeit der Babenberger zu erlangen.

Leopold I. beherrschte mit der Mark Österreich zunächst nur einen kleinen Teil des Donautales mit dem Mittelpunkt Melk, das eine zentrale Rolle spielte. Seine Stellung als Markgraf war stark, weil sie militärische und zivile Befugnisse vereinigte. Allerdings gab es auch ausgedehnte Besitzungen anderer Familien – die fast alle Mitte des 11. Jahrhunderts ausstarben – in dem sich rasch vergrößernden Gebiet, und auch die Vogteigewalt über die Klöster lag nicht ausschließlich bei den Babenbergern. Im Laufe der Zeit konnten die Babenberger jedoch immer stärker Fuß fassen und ihre Macht schrittweise ausbauen.

Am 1. November 996 wurde eine Urkunde für das Kloster Freising über die Schenkung des Gutes Neuhofen an der Ybbs ausgestellt, in der zum ersten Mal der Name des Landes vorkam, der bis heute erhalten blieb. Es hieß in dieser Urkunde: Das Gut sei «in regione vulgari vocabulo Ostarrîchi in marcha et comitatu Heinrici comitis filii Luitpaldi marchionis» (in jenem Gebiet, das in der Volkssprache Österreich heißt und in der Mark des Grafen Heinrich, des Sohnes Markgraf Leopolds, liegt). Etwa um die gleiche Zeit taucht in Urkunden auch der

Name «Austria» für dieses Land auf. Aus diesen beiden Bezeichnungen leiten sich mit wenigen Ausnahmen die Namen für Österreich in den Sprachen der Welt ab. Der ebenfalls in den Quellen vorkommende Begriff *marcha orientalis* wurde im 19. und 20. Jahrhundert als «Ostmark» übersetzt und spielte in der Zeit des Dritten Reiches als Bezeichnung für dieses Land eine Rolle.

Eine wesentliche Veränderung, die auch ein Ende der Expansion nach Osten für die Mark Österreich bedeutete, war die Christianisierung Ungarns, das mit Stephan dem Heiligen einen christlichen König erhielt. Die Babenberger konzentrierten sich in der Folge stärker auf den inneren Landesausbau. Vor allem ein Siedlungsausbau durch Neurodungen im 11. und 12. Jahrhundert ist an den Ortsnamen (z. B. auf -gschwend, -reith, -brand und -schlag) deutlich ablesbar. Auch viele Klöster, vor allem der Benediktiner, aber auch der Augustiner-Chorherren, Zisterzienser und Prämonstratenser, wurden in dieser Zeit auf dem Gebiet des heutigen Staates gegründet (Ossiach, Lambach, St. Florian, Admont, Göttweig, Melk, St. Paul im Lavanttal, St. Lambrecht, Herzogenburg, Seitenstetten, Rein, Heiligenkreuz, Klosterneuburg, Zwettl, Altenburg, Wilhering, Geras, Vorau, Lilienfeld, Schlägl). Die Grundlage für die Bezeichnung Österreichs als «Klösterreich» wurde zweifellos in dieser Zeit gelegt.

Der bedeutendste Babenberger war sicherlich Leopold III. (1095–1136), der sich im Investiturstreit eindeutig der kaiserlichen Seite zuwandte, nachdem sich sein Vorgänger schwankend verhalten hatte. Er stellte sich im Familienkonflikt zwischen Kaiser Heinrich IV. und dessen Sohn Heinrich V. – im Widerspruch mit seiner Lehenspflicht – auf die Seite des Sohnes und heiratete auch die Schwester des Königs, Agnes, die Witwe Friedrichs von Staufen. So stand er mit einem Schlag mit den wichtigsten Familien des Reiches, den Saliern und den Staufern, in verwandtschaftlicher Beziehung. 1125 nach den Tod Heinrichs V. war er einer der Kandidaten für den Thron des Reiches, lehnte aber ab. Seine Förderung der Kirche brachte ihm später den Beinamen «der Fromme» ein; im 15. Jahrhundert wurde er heiliggesprochen, 1663 machte ihn der habsburgische Kaiser Leopold I. zum Landespatron für ganz Österreich.

Als Resultat der verwandtschaftlichen Beziehungen mit den Staufern wurden die Babenberger 1139 mit Bayern, wo der welfische Herzog abgesetzt wurde, belehnt. Nach der Aussöhnung zwischen Staufern und Welfen unter Friedrich Barbarossa mußten die Babenberger Bayern 1156 zurückgeben. Als Ausgleich erhielten sie die Herzogswürde in Österreich und das *Privilegium minus*, das ihnen eine Reihe von Vorrechten (alleinige Gerichtsbarkeit im Lande, Einschränkung der Hoffahrts- und Heerfahrtspflicht etc.) zubilligte und auch die weibliche Erbfolge – nicht zuletzt in Rücksichtnahme auf die byzantinische Prinzessin, mit der Heinrich Jasomirgott verheiratet war – sowie das *ius affectandi*, das Recht, frei einen Nachfolger zu wählen, zugestand. Die weitere politische Entwicklung im Reich verlief nicht mehr so günstig; bei der erneuten Absetzung der Welfen in Bayern 1180 kamen die Wittelsbacher und nicht die Babenberger zum Zuge. Hingegen schlossen sie 1186 einen Erbvertrag mit dem letzten kinderlosen Traungauer Otakar IV., der in der Steiermark und in Oberösterreich herrschte. Die Georgenberger Handfeste sicherte vertraglich die Rechte der Ministerialen und der Klöster im Falle des Übergangs der Herrschaft an die Babenberger. 1192 trat der Erbfall ein.

Mit Herzog Leopold V., der 1190/91 am dritten Kreuzzug teilnahm, verbindet sich die Legende von der Entstehung des Bindenschildes, des rot-weiß-roten Wappens, das zum Symbol Österreichs wurde und heute noch als Fahne des Landes existiert. Er soll in Akkon mit einem weißen Waffenrock so tapfer gekämpft haben, daß nach der Schlacht, als er den breiten Gürtel abnahm, diese Farbkombination entstanden sei. Zwar ist diese Legende leicht als solche zu durchschauen, doch woher dieser Bindenschild wirklich stammt, ist – trotz vieler gelehrter Spekulationen – nicht klar zu sagen.

Unter dem vorletzten Babenberger Leopold VI., der sich im Bereich der internationalen Politik – und auch in dem der «Ketzerbekämpfung» weit außerhalb seines Staatsgebietes – bewegte, wurde die babenbergische Herrschaft durch das Erbe einiger hochfreier Geschlechter und die Erwerbung von Städten im Inneren gestärkt. Leopold griff mit Gebietsgewinnen in Krain (heute Slowenien) und der Erwerbung Pordenones/Portenaus in Italien über das Gebiet des heutigen Österreich hinaus. Weitaus weniger glücklich agierte sein Nachfolger Friedrich II. der Streitbare, dessen Tod ohne männliche Erben die Geschichte der babenbergischen Herrschaft in Österreich beendete; im Sinne des *Privilegium minus* wurden seine Schwester Margarete und seine Nichte Gertrud begehrte Heiratsobjekte. Margarete heiratete den weitaus jüngeren Přemysliden Ottokar von Böhmen, der sich für kurze Zeit in den babenbergischen Ländern festsetzen konnte. Weniger erfolgreich war der ungarische König, dessen Verwandter Gertrud geheiratet hatte – nur kleine Teile des babenbergischen Gebietes kamen kurzfristig unter seine Herrschaft.

Die nicht-babenbergischen Länder

Durch die Perspektive der späteren Zeit, die Österreich vom babenbergischen und später habsburgischen Machtzentrum aus betrachtet, übersieht man leicht, daß im hohen Mittelalter noch keineswegs klar war, daß die Landeswerdung Österreichs von dieser babenbergischen Herrschaft ausgehen würde. Die Tatsache, daß alle «Geschichten» der Länder letztlich in den großen Strom der Geschichte Österreichs einmünden, trübt den Blick für deren Besonderheiten. Dazu kommt die Tatsache, daß – mit Ausnahme Salzburgs – diese Eigenständigkeit ein ausschließlich mittelalterliches Phänomen ist. Um 1500 war – im großen gesprochen – das heutige Österreich (ohne Salzburg) Herrschaftsgebiet der habsburgischen Dynastie.

Die Steiermark, die sich aus der karantanischen Mark herausentwickelt hatte, stand seit der Mitte des 11. Jahrhunderts unter der Herrschaft der Otakare, die dem Land nach ihrer Hauptburg Steyr (in Oberösterreich) den Namen gaben. Neben der Steiermark beherrschte diese Familie auch große Teile Oberösterreichs. Ähnlich wie die Babenberger bauten die Otakare das Landesfürstentum aus, beerbten hochfreie Geschlechter und erwarben Vogteirechte über die Klöster des Landes. Unter

Otakar III. (1130–1164) erreicht der Landesausbau seinen Höhepunkt, seine Macht breitete sich über das heutige Gebiet des Bundeslandes nach Norden (Grafschaft Pitten) und Süden (ehemalige Untersteiermark, heute Slowenien) aus. Sein Sohn Otakar IV. wurde zwar 1180 Herzog, blieb aber kinderlos, so daß Steiermark und Oberösterreich an die Babenberger fielen und damit als erste der späteren österreichischen Bundesländer mit dem «österreichischen» Kernland vereinigt wurden. Dieser Besitzstand (Niederösterreich mit Wien, Oberösterreich und Steiermark) bildete das «Babenbergische Erbe» nach 1246.

Kärnten war der Rest des ehemals mächtigen und großen Karantanien, zu dem auch die Steiermark, Teile Niederösterreichs (Pittener Land) und Krain gehört hatten. Viele unterschiedliche Dynastien lösten sich in diesem Land in rascher Folge ab und machen die Geschichte des Landes sehr unübersichtlich. Schon 976 wurde Kärnten ein selbständiges Herzogtum, in dem die Spanheimer herrschten. Diese konkurrierten allerdings nicht nur mit großen Adelsfamilien, sondern auch mit den Erzbischöfen von Salzburg, die das Eigenbistum Gurk gegründet hatten. Bemerkenswert in Kärnten ist die Herzogseinsetzung, deren altes Kernstück die Zeremonie auf dem Fürstenstein bei der Karnburg war, bei der ein Bauer in slawischer (slowenischer) Sprache verschiedene Fragen stellte, ehe eine kirchliche Feier in Maria Saal und die Lehenvergabe auf dem Herzogsstuhl auf dem Zollfeld erfolgte. 1335 nach dem Aussterben einer Linie der Görzer, die in Kärnten geherrscht hatten, fiel dieses Gebiet durch Erbverträge an die Habsburger und stieß damit zum Kern der österreichischen Länder.

Hingegen sind Krain und die Windische Mark (heute Slowenien), die bis in die Spätzeit der Habsburgermonarchie als Teil der Erbländer betrachtet wurden, über die Verwandtschaft mit den Andechsern, die das Land seit dem 12. Jahrhundert beherrschten, schon 1232 erstmals an die Babenberger gekommen, endgültig wird dieses Gebiet aber erst im späten Mittelalter erworben.

Das spätere Land Tirol wurde von mehreren Grafschaften gebildet, führend in der Landesbildung waren die geistlichen Fürsten von Brixen/Bressanone und Trient/Trento, die zuverlässig für den Kaiser den Weg nach Italien sichern sollten. Die Vogteigewalt war in den Händen dreier großer Familien, der Andechser, der Eppaner und der Grafen von Tirol, die letztlich die anderen Familien ausstechen konnten und das Land einten, das auch ihren Namen (nach dem Stammschloß oberhalb von Meran/Merano) erhielt. 1253 starben die Tiroler Grafen aus und wurden von den Görzern beerbt, die dann ihrerseits wieder von den Habsburgern beerbt wurden.

Am langwierigsten war der Prozeß der Landwerdung sicherlich im heutigen Vorarlberg, in dem verschiedene geistliche (Chur, Konstanz, St. Gallen) und weltliche (Burkharde und Udalriche) Gewalten konkurrierten. Im hohen Mittelalter haben die Bregenzer Grafen, die Montforter und die Hohenemser herrschaftsbildend gewirkt. Einzelne dieser Herrschaften konnten von den Habsburgern ab dem 14. Jahrhundert erworben werden, andere blieben bis ins 19. Jahrhundert hinein eigenständig.

Eine eigene Geschichte im wahrsten Wortsinn hat Salzburg. Das geistliche Fürstentum, in dem der Erzbischof seit dem 13. Jahrhundert durch Entmachtung der Vögte immer stärker wurde, bildete zwar erst im späten Mittelalter eine Rechtseinheit als Land, hatte aber schon früh weit über die heutigen Grenzen des Bundeslandes hinausgehenden Besitz (an der Donau ebenso wie in Bayern, Steiermark und Kärnten). Außerdem übte es durch Eigenbistümer in Gurk und Seckau auch geistlichen Einfluß auf diese Länder aus. Der geistliche Staat hielt sich – zwischen den beiden katholischen Mächten Bayern und Österreich balancierend – letztlich bis ins 19. Jahrhundert und wurde erst im Reichsdeputationshauptschluß von 1803 säkularisiert. Seine kulturelle Bedeutung vor allem in der Barockzeit wird an anderer Stelle kurz gewürdigt werden.

Die Herrschaftsübernahme durch die Habsburger

Mit dem Aussterben der Babenberger entstand eine Situation, in der der Přemyslide Ottokar von Böhmen die Herrschaft im Osten Österreichs ohne die Beteiligung des Kaisers als Lehensherrn an sich reißen konnte; Bedingung dafür war eben auch die Tatsache, daß es im Reich keinen handlungsfähigen Herrscher gab (*Interregnum*). Das änderte sich, als 1273 der in der Schweiz, in Süddeutschland und im Elsaß reich begüterte, in die Eliten des Reiches verwandtschaftlich eingebundene, keineswegs «arme» Graf Rudolf von Habsburg zum Herrscher gewählt wurde. Er mußte seinen Konflikt mit dem böhmischen König austragen, denn dieser forderte seine Autorität heraus, außerdem waren die babenbergischen Länder eine willkommene Hausmacht für die Habsburger. So wurde in mehreren Phasen ein Krieg gegen Ottokar geführt, und dieser wurde letztendlich in der Schlacht auf dem Marchfeld bei Dürnkrut und Jedenspeigen am 29. September 1278 besiegt und nach der Schlacht von einem persönlichen Feind getötet. 1282 belehnte Rudolf von Habsburg seine beiden Söhne Rudolf und Albrecht mit den österreichischen Ländern. Damit begann eine lange Periode habsburgischer und (nach dem Aussterben des Mannesstammes 1740) habsburg-lothringischer Herrschaft in Österreich, die erst 1918 endete. In ihrer Reichspolitik im späten Mittelalter waren die Habsburger nicht so erfolgreich; zwar konnte Albrecht seinem Vater nachfolgen, aber schon in der Generation darauf scheiterte Friedrich der Schöne im Kampf gegen Ludwig den Bayern um die Herrschaft im Reich. Es sollte dann bis zum Jahre 1438 dauern, bis die Habsburger mit Albrecht II. (als Habsburger Albrecht V.) wieder zur höchsten Würde des Reiches aufstiegen. Er war damit der erste einer langen Serie habsburgischer Herrscher, die bis zum Ende des Reiches 1806 nur einmal kurz unterbrochen wurde.

Auch nur im Zusammenhang mit der Reichspolitik ist die Aufwertung der Habsburger im *Privilegium maius* Rudolfs IV. zu verstehen. Sein Schwiegervater, der Luxemburger Kaiser Karl IV., hatte mit der Goldenen Bulle 1356 die bislang ungeschriebene Wahlordnung für das Reich verschriftlicht. Unter den sieben Kurfürsten tauchte Österreich nicht auf. Rudolf hat daher in einer Reihe von gefälschten Urkunden, die als *Privilegium maius* bezeichnet werden, reagiert und eine kurfürstenähnliche Stellung für Österreich, das er als Erzherzogtum bezeichnete und mit einer Reihe von geradezu königlichen Vorrechten ausstattete, behauptet. Das Dokument wurde zwar zunächst zurückgewiesen, doch der Titel Erzherzog für den Herrscher des Landes bürgerte sich ein, und Friedrich III. als Kaiser bestätigte (1442, und nochmals 1453 mit Zustimmung der Kurfürsten) dieses Dokument.

Territoriale Veränderungen im späten Mittelalter

Im Zuge des späten Mittelalters erwarben die Habsburger eine Reihe von Ländern im Ostalpenraum und vergrößerten damit ihre Hausmacht beträchtlich. Zwei Ziele der Territorialpolitik scheinen sich klar abzuzeichnen: einerseits der «Bau einer Landbrücke» zu den Schweizer Besitzungen und andererseits zunehmend der Versuch, Böhmen (und Ungarn) zu erwerben. Die Ausdehnung nach Westen war recht erfolgreich, wenn auch die Schweizer Besitzungen nach der Errichtung des «Ewigen Bundes» 1291 und der Gründung der Schweizer Eidgenossenschaft stückweise verlorengingen.

Zunächst wurde von einer Linie der Görzer Grafen 1335 Kärnten und Krain erworben, dann 1365 auch Tirol, das von Margarethe Maultasch noch eine Weile gehalten werden konnte. Gleichzeitig schloß man auch mit den Bistümern Trient und Brixen Verträge ab, die diese Territorien näher an das Land Tirol banden und den Habsburgern etwa Durchzugsrechte im Kriegsfall einräumten. Wirklich habsburgisch wurden diese Gebiete erst 1803. Gleichzeitig mit der Erwerbung Tirols setzten sich die Habsburger auch in Vorarlberg fest. 1500 wurden die Kärntner und die Tiroler Besitzungen durch den Erwerb der sogenannten «Zwischengrafschaft» (Osttirol) ebenso wie das spätere Kronland Görz nach dem Aussterben einer anderen Görzer Linie habsburgisch. Maximilian rundete diese Herrschaft im Lande noch durch die Erwerbung von Kufstein, Kitzbühel, Rattenberg 1505 und die «welschen Konfinen» (z.B. Rovereto, Riva am Gardasee etc.) 1516 ab. Am Beginn der Neuzeit war also etwa das heutige österreichische Territorium (mit Ausnahme von Salzburg) habsburgisch, darüber hinaus auch Gebiete im heutigen Italien und Slowenien.

Die Belehnung zur «gesamten Hand», wie sie 1282 erfolgte, barg einen Konflikt in sich, der das späte Mittelalter beherrschte und auch die Schwäche der Habsburger bei der Erwerbung der Kaiserwürde im Reich ausmachte. Die Idee, daß alle lebenden männlichen Habsburger «gemeinsam», also ungeteilt, das Land beherrschen sollten, wie es die Idee der «gesamten Hand» vorsah, war langfristig nicht aufrechtzuerhalten. So kam es in verschiedenen Verträgen (der erste und wichtigste in Neuberg/Mürz 1379) zu einer Teilung der Herrschaft. Drei Einheiten entstanden dabei, die ihre Residenzen in Wien, Graz und Innsbruck hatten: Donauösterreich (Wien, Niederösterreich, Oberösterreich), Innerösterreich (Steiermark, Kärnten und Krain) und Tirol mit den Vorlanden (der Streubesitz in Deutschland und – soweit noch vorhanden – in der Schweiz). Erst unter Friedrich III. wurden Donau- und Innerösterreich vereint, seinem Sohn Maximilian I. gelang es, 1490 auch Tirol und die Vorlande in seinen Besitz zu bringen. Interessant ist, daß die 1564 erfolgte neuzeitliche Herrschaftsteilung unter die Söhne Ferdinands I. wieder diesem Schema der Dreiteilung folgte.

Der Beginn der Neuzeit und die Festigung der habsburgischen Macht

Neben den habsburgischen Territorien gab es im 15. Jahrhundert im Gebiet des heutigen Österreich noch andere staatliche Gebilde. Am wichtigsten davon war sicherlich das Erzbistum Salzburg, dessen Ausbreitung durch Eigenbistümer (Gurk, Lavant, Seckau) und territorialen Streubesitz weit ins habsburgische Gebiet reichte. Auch andere Bistümer des Reiches, allen voran Bamberg, Brixen/Bressanone und Trient/Trento hatten Besitzungen im heutigen Österreich. Daneben existierten einige weitere Dynastien, die allerdings alle zwischen der Mitte des 15. und der des 16. Jahrhunderts ausstarben und von den Habsburgern beerbt wurden. Die Grafen von Cilli erloschen 1456, der letzte Vertreter der Görzer Linie starb 1500, und auch die Geschlechter der Herren von Schaunberg in Oberösterreich und der Montfort-Bregenzer erloschen bis zur Mitte des 16. Jahrhunderts.

Um die Mitte des 15. Jahrhunderts war das habsburgische Österreich ein kleines, durch die Herrschaftsteilungen in seiner politischen Bedeutung geschwächtes Land, das weder im Reich noch in einer weitergefaßten europäischen Politik eine wesentliche Rolle zu spielen imstande war. Dennoch hat sich innerhalb weniger Jahrzehnte aus diesem lokalen Machtbereich einer mittelmäßig begüterten Familie ein Reich von großen Dimensionen gebildet, dessen Dynastie ein enormes Sendungsbewußtsein entwickelte.

Diese Jahrzehnte um den Wendepunkt zur Neuzeit waren politisch und wirtschaftlich schwierig, aber kulturell sehr fruchtbar. Der Buchdruck faßte seit 1483 in Wien Fuß, und Drucker wie Johannes Winterburger, Hieronymus Vietor und Johann Siengriener waren auch für die Rezeption des Humanismus von Bedeutung, der, von Italien her kommend, langsam nördlich der Alpen Verbreitung fand. Dabei ist vor allem die Anwesenheit des Aeneas Silvio Piccolomini (später Papst Pius II.) am Wiener Hof Friedrichs III. hervorzuheben. An der Universität Wien lehrten mit Georg von Peuerbach und Regiomontanus bereits vor der endgültigen Durchsetzung des Humanismus bedeutende Gelehrte, 1497 wurde von Kaiser Maximilian I. Conrad Celtis nach Wien berufen, aber auch andere Humanisten, unter ihnen Johann Cuspinian, wirkten in Wien. Der Kaiser war ein großer Förderer der Gelehrsamkeit, gründete gelehrte Gesellschaften und berief Männer in seinen Umkreis, die genealogische Studien betreiben und seinen Ruhm stilisieren sollten. Maximilian selbst verfaßte Schriften wie den *Weiß Kunig*, den *Theuerdank* und den *Freydal*, die sein Leben allegorisierten, und beauftragte Künstler wie Albrecht Dürer oder seinen Hofmaler Jörg Kölderer mit der Anlage propagandistischer Werke (*Triumphzug*, *Ehrenpforte*). Den Gipfel erreichte die Memoria und die Selbststilisierung seiner Person und seiner Familie in seinem Innsbrucker Grabmal (ein Kenotaph), das mit den «schwarzen Mandern» lebensgroße Figuren echter und vermeintlicher Ahnen um ihn scharte.

In der bildenden Kunst des späten 15. Jahrhunderts konnte durch die Beziehungen zu Italien und später zu den Niederlanden die mittelalterliche Tradition überwunden werden. Die vielen spätgotischen Kirchen und die große Zahl der Flügelaltäre – man schätzt für 1525 in Tirol ihre Zahl auf 2000, in Oberösterreich auf 1500 – sind Ausdruck der Frömmigkeitsformen und des Stiftungswesens dieser Zeit. Von den Flügelaltären sollen nur der Kefermarkter Altar im Mühlviertel und der Michael Pacher Altar in St. Wolfgang am Wolfgangsee hervorgehoben werden. Große Neuerungen in der Malerei brachte die Donauschule, die sehr realistische Landschaftsdarstellungen in ihre Werke miteinbezogen hat. Am Beginn der Neuzeit stand die Kultur des Landes also durchaus in Blüte.

«Aufstieg zur Großmacht»

Die Wende zu einer steigenden Bedeutung der Habsburger vollzog sich mit (Erz-)Herzog Albrecht V. (als römisch-deutscher König Albrecht II.). In seiner inneren Politik war er ebenso erfolgreich wie brutal, er konnte sich in den Hussitenkriegen profilieren, setzte die Kirche als politisches Instrument ein und vertrieb die Wiener Juden in der sogenannten Geserah von 1421 aus seiner Hauptstadt. 1422 heiratete er die Tochter des Luxemburger-Kaisers Siegmund, Elisabeth – eine Hochzeit, die am Beginn des Weges der Habsburger zu einer führenden europäischen Macht stehen sollte. Als die Luxemburger mit dem Tode Siegmunds 1437 im Mannesstamm erloschen, konnte Albrecht als Nachfolger seines Schwiegervaters noch im selben Jahr König von Ungarn und im Jahr darauf König von Böhmen werden. Ebenfalls 1438 wurde er zum römischen König gewählt. Damit entstand – wie sich zeigen sollte nur für kurze Zeit – jene Konstellation, durch welche die Habsburger später über mehrere Jahrhunderte ihre Macht in Mitteleuropa ausüben konnten; sie beherrschten die österreichischen Erblande, Böhmen und Ungarn und wurden regelmäßig zum Herrscher im Heiligen Römischen Reich gewählt. Der unerwartete Tod Albrechts II., der 1439 in Ungarn im Alter von 42 Jahren an der Ruhr gestorben ist – als einziger Habsburger ist er in Stuhlweißenburg/Székesfehérvár, dem traditionellen Krönungs- und Begräbnisort der ungarischen Könige, beigesetzt worden – brachte dieses Machtgebilde schnell ins Wanken. Albrecht starb ohne männlichen Erben, allerdings war seine Frau zum Zeitpunkt seines Todes schwanger und gebar im Jahr 1440 einen Sohn, der Ladislaus (Postumus) genannt wurde. Theoretisch war Ladislaus der Erbe des Länderkomplexes, über den sein Vater so kurzfristig geherrscht hatte. Die Konflikte um die Vormundschaft über Ladislaus und dessen Erbe innerhalb der Familie und mit den Ständen, in denen Adelige wie Ulrich von Eytzing, Ulrich von Cilli und Johann Hunyadi eine zentrale Rolle spielten, verliefen turbulent und lesen sich – geht man ins Detail – wie ein Abenteuerroman. Der Vormund des kleinen Ladislaus wurde Erzherzog Friedrich V. (als römisch-deutscher Kaiser Friedrich III.) aus der innerösterreichischen Linie des Hauses. Doch Ladislaus starb bereits jung im Jahre 1457, und daraufhin wurden in Böhmen und Ungarn «nationale» Könige gewählt; Georg von Podiebrad stammte aus einem alten tschechischen Geschlecht und Matthias Corvinus, dessen Vater Johann Hunyadi war, wurde König im Reich der heiligen Stephanskrone.

Friedrich reklamierte erfolgreich – wenn auch im Zwist mit seinem zur rechten Zeit unter mysteriösen Umständen gestorbenen jüngeren Bruder Albrecht VI. – Donauösterreich (das Erbe des Ladislaus) für sich und konnte sich auch als Herrscher im Heiligen Römischen Reich durchsetzen; er wurde als Nachfolger Albrechts II. gewählt und schaffte es als einziger Habsburger und letzter Herrscher, in Rom vom Papst zum Kaiser gekrönt zu werden (1452). Er heiratete am Beginn des «Zeitalters der Entdeckungen» eine portugiesische Prinzessin und eröffnete damit einen weiten Horizont für seine Familie.

Letztlich konnten die Habsburger also in dieser Zeit nur einen Teil ihrer Ansprüche durchsetzen. Zwar hatte man die Herrschaft über Böhmen und Ungarn verloren, aber den Anspruch gab Friedrich keineswegs auf, und es blieb unter ihm und seinem Nachfolger Kaiser Maximilian I. ein erklärtes Ziel des Erzhauses, diese beiden Länder mit Österreich zu vereinen. Friedrich III., der von Zeitgenossen und späteren Historikern oft sehr negativ beurteilt wurde («Reichsschlafmütze»), hat in vieler Hinsicht den Aufstieg der Habsburger begründet, sein Festhalten an den wirklichen oder auch vermeintlichen Rechten und Erbansprüchen und sein Sendungsbewußtsein prägen die zukünftigen Generationen der Habsburger. Die Zeit seiner Regierung war sicherlich eine schlimme, unerfreuliche. Seuchen und Naturkatastrophen wie Heuschreckeneinfälle, die ersten Vorstöße türkischer Streifscharen und ein überwucherndes Fehdewesen machten die zweite Hälfte des 15. Jahrhunderts zu einer düsteren Zeit in der Geschichte des Landes.

Ein weiterer entscheidender Schritt in Richtung auf einen oft gefeierten und bejubelten «Aufstieg Österreichs zur Großmacht» entstand aus einer politischen Situation im Westen Europas. Das Herzogtum Burgund wurde 1363 vom französischen König Johann dem Guten seinem jüngeren Sohn Philipp von Valois zu Lehen gegeben; er und seine Nachfolger erwarben durch Ehe, Kauf und Krieg weitere Territorien, so daß ein ausgedehntes – allerdings nicht zusammenhängendes – territoriales Gebilde entstand, das von der Franche-Comté in Frankreich bis in die Niederlande reichte. Karl der Kühne versuchte nun Lothringen als Landbrücke zwischen den beiden Teilen seines Herrschaftsgebietes zu erobern, dabei geriet er auch in Konflikt mit der Schweizer Eidgenossenschaft; in diesem sogenannten Burgunderkrieg 1474–1477 spielten auch die Habsburger eine nicht zu unterschätzende Rolle. Im Rahmen dieser diplomatischen und militärischen Aktivitäten kam ein Heiratsvertrag für den Sohn Friedrichs III., Maximilian (I.), und der Erbtochter Burgunds, Maria, zustande. Als Karl der Kühne starb, wurde dieser Erbfall schließlich Realität, und die Habsburger konnten das kulturell und wirtschaftlich blühende Land Burgund erwerben. Freilich war dieser Prozeß der Festsetzung im Westen Europas – der sich später auch für die nach 1492 immer wichtigere atlantische Politik und den Handel mit der neuen Welt als günstig erweisen sollte – nicht ganz so einfach, wie es scheint.

Frankreich erhob Ansprüche auf die französischen Lehen und die daraus resultierenden Spannungen zwischen Franzosen und Habsburgern haben über zwei Jahrhunderte lang die Politik in Europa wesentlich beeinflußt. Unmittelbar resultierte daraus ein langwieriger Krieg, den Maximilian I. mit wechselndem Erfolg führte; einem Triumph bei Guinegate gegen die Franzosen folgte 1488 eine tiefe Erniedrigung des Habsburgers, der viele Wochen lang von den Bürgern von Brügge gefangengehalten wurde. 1493 verlor er im Vertrag von Senlis zwar die Bourgogne an Frankreich, konnte den Rest des burgundischen Erbes aber bewahren. Die Auseinandersetzung mit Frankreich verlagerte sich in der Folge nach Oberitalien, wo die europäischen Mächte in unterschiedlichen Koalitionen und Konstellationen miteinander kämpften.

Damit war der erste Schritt einer Festsetzung der Habsburger im Westen Europas vollzogen, dem wenig später ein zweiter folgen sollte. Nicht aus politischem Kalkül, sondern aus Geldmangel schloß Maximilian I. für seinen Sohn Philipp den Schönen und seine Tochter Margarethe (aus der Ehe mit der schon früh verstorbenen Maria von Burgund) einen Vertrag für eine Doppelhochzeit ab. Auf der anderen Seite standen Juan von Spanien und seine Schwester Juana (besser bekannt als Johanna die Wahnsinnige), die Kinder der katholischen Könige Ferdinand und Isabella von Kastilien und Aragón. Spanien, unter den katholischen Königen vereint und durch die langfristige und schließlich 1492 mit der Eroberung Granadas abgeschlossene Reconquista von der maurischen Herrschaft in Südspanien «befreit», war eines der mächtigsten Länder des Kontinents, dem im «Zeitalter der Entdeckungen» eine Schlüsselrolle in der transatlantischen Politik zukam. Durch eine Reihe von die Habsburger begünstigenden Todesfällen kam es als Resultat dieser Ehe schließlich recht unerwartet zum Erbanfall des spanischen Königreiches (1504 Kastilien und 1516 Aragon), das neben dem Kernland Spanien auch Territorien in Italien und die Kolonien in der neuen Welt mit ihren ungeheuren Schätzen an Edelmetallen umfaßte. Der ältere Sohn Philipps des Schönen, Karl (als spanischer König Carlos I., als Kaiser Karl V.), erbte damit ein Reich, in dem – wie es in einer immer wieder zitierten Phrase heißt – «die Sonne nicht unterging», auch wenn das nicht wörtlich zu nehmen ist.

Hatte sich also ein guter Teil der habsburgischen Interessen in den Westen und Süden Europas verlagert, so war Maximilian I. auch in den österreichischen Ländern und im Reich nicht untätig. Als Kaiser des Heiligen Römischen Reiches war er um eine Reform der Verwaltung des Reiches und der Länder bemüht, die durch die Versuche einer Zentralisierung der Macht in Konflikt mit den Ständen geriet. Trotz dieser Widerstände schuf er eine Grundlage der Verwaltungsstruktur, auf der dann sein Enkel Ferdinand I. aufbauen konnte.

Die niemals aufgegebenen Ansprüche und Wünsche seines Vaters, die Nachbarländer Böhmen und Ungarn zu erwerben, verlor auch Maximilian nicht aus den Augen; nach dem Tod des Matthias Corvinus, der den Osten der habsburgischen Gebiete inklusive Wien erobert hatte, im Jahre 1490, führte Maximilian einen Krieg um Ungarn, den er aber angesichts der politischen Lage im Westen Europas schnell beendete. 1491 schloß er den (Erb-)Vertrag zu Preßburg/Bratislava mit dem böhmischen und ungarischen König Wladislaw (der Podiebrad und Corvinus nachgefolgt war) aus der polnischen Familie Jagiello, in dem dieser anerkannte, daß Friedrich III. und Maximilian I. den Titel eines ungarischen Königs führen durften, und ihnen die westungarischen Herrschaften Eisenstadt, Forchtenstein, Kobersdorf, Hornstein, Rechnitz, Güns/Köszeg und Bernstein zugestand. Die Idee eines wechselseitigen Erbanspruches wurde in der berühmten Wiener Doppelhochzeit von 1515 bekräftigt. Maximilian verheiratete seine Enkelin Maria mit Ludwig II., dem Sohn König Wladislaws II. von Böhmen und Ungarn, und er selbst heiratete per procuratorem (also als Stellvertreter für einen seiner Enkel) dessen Schwester Anna. Diese Hochzeit mit dem Hause Jagiello sicherte den Anspruch auf die beiden Nachbarstaaten, doch blieb eine Realisierung zunächst sehr theoretisch. Genealogisch gesehen war die Familie Habsburg in diesen Zeiten sehr verletzlich, denn Maximilian und sein Sohn Philipp der Schöne waren die einzigen männlichen Habsburger ihrer

Generation, und auch eine Generation später gab es mit Karl und Ferdinand nur zwei männliche Sprosse des Erzhauses.

Als Maximilian I. 1519 starb, wurde Karl, der in den Niederlanden aufgewachsen war, nicht nur Landesherr in allen österreichischen Ländern (denn Maximilian war es 1490 auch gelungen, den letzten Herrscher der Tiroler Linie, Erzherzog Sigismund den Münzreichen, zur Abdankung zu bewegen), sondern auch einer der Kandidaten für die Krone des Reiches. Sein Konkurrent war der französische König, doch konnte sich Karl – nicht zuletzt mit dem Geld der Augsburger Bankiers- und Handelsfamilie Fugger – durchsetzen.

Sein jüngerer und, wie manche Biographen meinen, talentierterer Bruder Ferdinand schien leer auszugehen. Dessen Schicksal wurde wesentlich von zwei Tatsachen geprägt: Einerseits wollte ihn sein älterer Bruder Karl unbedingt aus Spanien entfernen, weil Ferdinand dort aufgewachsen und bei den spanischen Großen durchaus beliebt war, und andererseits trat Ferdinand 1516 in den Heiratsvertrag mit Anna Jagiello ein. Die Ungarn drängten nach dem Tod Maximilians darauf, daß der Schwager ihres Königs entsprechend mit einer Herrschaft ausgestattet werden sollte. So gab Karl V. im Vertrag von Worms 1521 zunächst die donau- und die innerösterreichischen Länder an Ferdinand und verzichtete dann im Teilungsvertrag von Brüssel 1522 überraschend auch auf den Rest des österreichischen Erbes, wenn auch unter wenig erfreulichen Bedingungen für Ferdinands Handlungsspielraum.

Mit diesen Teilungsverträgen waren zwei Linien des Hauses entstanden, die ungleich mächtig waren. Karl V., das Haupt der spanischen Linie, hatte mit seiner Herrschaft im Reich und in Spanien und den Kolonien, mit seiner Macht in Italien und dem burgundischen Erbe sicherlich zunächst eine ungleich höhere Position. Wie sich zeigen sollte, hat sich aber langfristig die Macht der österreichischen Linien unter Ferdinand I. und seinen Nachkommen im Laufe der Frühen Neuzeit eher gesteigert, während Spanien nach dem «Goldenen Zeitalter» in eine tiefe und lang andauernde Krise geriet.

Die Bildung der Donaumonarchie

Mit den Teilungsverträgen zugunsten Erzherzog Ferdinands hatten die österreichischen Länder nach einer Zeit des Interregnums wieder einen Landesfürsten, der im Lande selbst residierte. Zwischen dem Tod Maximilians I. und 1521 war es durch das Fehlen der Zentralgewalt zu einem Aufblühen der ständischen Macht gekommen. Der Adel unter der Führung der Puchheimer und der Eytzinger und die Stadt Wien unter der Führung des Bürgermeisters Hans Rinner und des Universitätsprofessors Martin Siebenbürger hatten das «landesfürstliche Regiment», die von Maximilian eingesetzte Verwaltungsbehörde, weitgehend entmachtet und sich verschiedene Rechte, darunter das Münzrecht, «angemaßt».

Als Ferdinand – der deutschen Sprache nicht oder kaum mächtig und mit einer anderen Tradition von Herrschaftsausübung aufgewachsen – ins Land kam, statuierte er sofort ein Exempel, um seinen Anspruch auf unbehelligte Herrschaft klar zu dokumentieren. Im Wiener Neustädter Blutgericht wurden die «Rädelsführer» des «Aufstandes» abgeurteilt und danach hingerichtet. Verschiedene Maßnahmen, vor allem in Wien, das eine neue Stadtordnung bekam, zeigten deutlich den neuen Regierungsstil des spanischen Infanten. Trotz der schwierigen Situation, die er vorfand – die Reformation breitete sich aus, die Bauern erhoben sich in sozialen Revolten, die Osmanen rückten den habsburgischen Ländern bedrohlich nahe –, konnte sich Ferdinand relativ gut durchsetzen, und er stabilisierte seine Herrschaft schnell.

Ein entscheidendes Ereignis trat am 26. August 1526 ein. Die Osmanen unter Sultan Süleyman waren nach Ungarn gezogen und trafen bei Mohács im Süden Ungarns auf das ungarische Heer, an dessen Spitze der Schwager Ferdinands I., der junge König Ludwig II. Jagiello, stand. Die Schlacht ging für die Ungarn verloren, und der König, dessen genaues Schicksal nicht klar ist, kam vom Schlachtfeld nicht zurück. Damit trat der in der Wiener Doppelhochzeit und seinen Verträgen vorgesehene Fall des Erbes der Nachbarländer Böhmen und Ungarn für die Habsburger ein.

Doch ganz so einfach war die Sache nicht, denn während Ferdinand sich auf das Erbrecht berief, argumentierten die Stände mit dem Wahlrecht, das beim Erlöschen einer Dynastie automatisch einsetzte. In Böhmen gelang es durch geschickte Diplomatie, die Wahl Ferdinands durchzusetzen. In den Nebenländern des Königreiches Böhmen, also in Mähren, Schlesien und den Lausitzen, konnte ebenfalls relativ bald eine Lösung gefunden werden, man erkannte grundsätzlich das Erbrecht Annas – und damit auch ihrer Nachkommen – an und nahm Ferdinand als Landesfürsten an. Weitaus schwieriger gestaltete sich die Lage in Ungarn. Im November 1526 wählte ein Teil des Adels den «starken Mann» der ungarischen Stände, Johann Szapolyai (auch: Zápolya) zum König, doch gelang es den wenigen Anhängern Ferdinands und der Königswitwe Maria im Dezember, auch Ferdinand zum König wählen zu lassen. Szapolyai und Ferdinand wurden beide mit der heiligen Stephanskrone gekrönt und betrachteten sich daher beide als rechtmäßige Herrscher des Landes – ein Krieg war unvermeidlich. Ferdinand konnte kurzfristig seinen Gegner sogar aus dem Lande vertreiben. Die Einmischung der Osmanen in diesen Konflikt gab der Lage in Ungarn eine spezifische Note und bestimmte für fast zwei Jahrhunderte die Geschichte des Landes und auch die der habsburgischen Dynastie mit.

Zieht man eine Bilanz dieser Heirats- und Expansionspolitik um 1500, die man in der älteren, völlig habsburg-loyalen Literatur immer kritiklos und apologetisch als «Aufstieg zur Großmacht» gefeiert hatte, so muß man den alten Spruch «Bella gerant alii, tu felix Austria nube, Nam que Mars aliis, dat tibi regna Venus» (Andere mögen Kriege führen, Du glückliches Österreich heirate, denn was anderen die Herrschaft des Kriegsgottes Mars gibt, gibt dir jene der Liebesgöttin Venus) relativieren. Zunächst war das Heiraten nur ein Teil der Erwerbung anderer Länder, man mußte auch die politische und militärische Macht haben, diese neuen Territorien gegen die Ansprüche anderer zu halten und zu verteidigen. Andererseits muß man auch die langfristigen Folgen der Expansionspolitik am Beginn der Frühen Neuzeit für die habsburgische Herrschaft bedenken. Der Erwerb Burgunds trug ihnen auch die «Erbfeindschaft» mit

Frankreich ein, welche die Politik Europas ebenso über mehrere Jahrhunderte prägen sollte wie die feindlichen Beziehungen zum Osmanischen Reich, dem «Erbfeind der Christenheit», die man sich mit der Erwerbung Ungarns eingehandelt hatte. Gerade diese Belastung der habsburgischen Herrschaft durch die lange und immer konfliktträchtige Grenze mit dem Osmanischen Reich im Inneren hat viele der Entscheidungen in konfessionellen und innenpolitischen Fragen wesentlich mitgeprägt. Schon die Kriege Maximilians I. hatten die Finanzen seiner Länder, insbesondere Tirols, schwer belastet und Schuldenberge anhäufen lassen. Darüber hinaus muß man die vor allem in der älteren Literatur, aber auch gelegentlich noch heute zu findende positive Bewertung und Idealisierung der habsburgischen Politik kritisch hinterfragen. Großmachtpolitik war mit dem Einsatz von Machtmitteln, mit Grausamkeit und Brutalität verbunden und stellt keineswegs jenen positiven Wert dar, der manchmal behauptet wurde und wird. Die Habsburger waren nicht nur, ja nicht einmal vorwiegend die «Kulturbringer», sondern machtpolitisch denkende Herrscher, die versuchten, mit allen Mitteln ihren Herrschaftsbereich auszudehnen.

Mit der Erwerbung Böhmens und eines Teiles Ungarns – den Anspruch auf das ganze Königreich der Stephanskrone hielt man natürlich aufrecht – war ein Gebilde entstanden, das im wesentlichen bis 1918 das Zentrum Europas bestimmen sollte. Diese Habsburgermonarchie oder Donaumonarchie beruhte auf der Beherrschung der Erbländer, Böhmens und Ungarns durch die Habsburger, die seit der Generation der Kinder Ferdinands I. auch fast «automatisch» Kaiser im Heiligen Römischen Reich waren. Zentren dieses Staatsgebildes waren Wien und Prag, wobei im 16. Jahrhundert Prag hinter Wien durchaus nicht zurückstand. Die böhmische Hauptstadt war nicht nur größer, sondern hatte auch den Vorteil, weit weg von der türkischen Grenze zu liegen, während Wien nach der ersten Wiener Türkenbelagerung 1529 als gefährdet gelten mußte.

Ferdinand I. schuf mit seiner Hofstaatsordnung vom 1. Januar 1527 die Grundlage für eine geordnete Verwaltung dieser Territorien, seine Zentralverwaltung blieb im wesentlichen bis

1848 gültig. Diese Verwaltung umfaßte folgende Behörden: den Geheimen Rat, der für die Familien- und Außenpolitik zuständig war, den Hofrat als oberste Justizbehörde, die Hofkanzlei als ausführende Behörde mit dem Obersten Kanzler an der Spitze und schließlich die Hofkammer, der die Finanzverwaltung oblag. 1556 kam dann der Hofkriegsrat, der für die militärischen Fragen zuständig war, als weitere Behörde dazu. Diese Behörden wurden, als Ferdinand 1556 als Nachfolger Karls V. auch Kaiser wurde, zum Teil in Reichsbehörden umgewandelt. Der Hofrat wurde zum Reichshofrat mit dem Erzbischof von Mainz als Erzkanzler an der Spitze, der durch den Reichsvizekanzler, der Vorstand der Reichshofkanzlei (so nannte man nun die Hofkanzlei) war, vertreten wurde. Erst 1620 hat Ferdinand II. eine eigene österreichische Hofkanzlei geschaffen, die mit der Reichshofkanzlei in einer gewissen Konkurrenz stand. Diese internen Konflikte bei Hof demonstrieren deutlich, wie schwer diese Ämter, welche die Habsburger innehatten – sie waren Kaiser im Reich, Kurfürsten als Könige von Böhmen und Landesfürsten in Österreich –, und die verschiedenen Territorien in ihrer Verwaltung zu trennen waren.

Widerstand und Konflikt in der Frühen Neuzeit

Wie in den meisten Ländern Europas hatte sich auch im Bereich des heutigen Österreich – aber auch in den Ländern, die von den Habsburgern zu Beginn der Neuzeit erworben werden konnten – eine feudale Struktur entwickelt.

Soziale Strukturen und soziale Aufstände

Der Herrscher des Landes teilte seine Macht mit den Ständen, in denen der hohe Adel (Herrenstand) dominierte. Daneben waren auch der niedere Adel (Ritterstand), die besitzende Kirche (die Äbte der Klöster und die Bischöfe) sowie die Vertreter der landesfürstlichen Städte und Märkte politisch repräsentiert. Die Zahl der Kurien darf nicht darüber hinwegtäuschen, daß die eigentliche Machtposition im Lande neben dem Landesfürsten die Adeligen innehatten. Diese aus den Ministerialen oder Rittern des Hochmittelalters entstandene Schicht des «alten Adels» übte im System der Grundherrschaft beträchtliche Herrschaftsrechte aus. Die Bauern des österreichischen Raumes waren mit wenigen Ausnahmen in dieses System der Grundherrschaft oder Erbuntertänigkeit eingebunden. Nur in Tirol und Vorarlberg (stellenweise zunächst auch in Salzburg) gab es freie Bauern, die dann auch in den Ständen vertreten waren (als sogenannte «Täler und Gerichte»). Doch im überwiegenden Teil der von den Habsburgern beherrschten Gebiete dominierte das grundherrliche System, nach dem die Bauern nur ein Nutzungsrecht an «ihrem» Grund und Boden hatten, der dem adeligen oder kirchlichen Grundherrn gehörte. Für die Bewirtschaftung der Güter mußten sie Abgaben und Leistungen erbringen. Die Abgaben, die ursprünglich in Naturalien festgelegt waren, wurden im Zuge der fortschreitenden Geldwirtschaft bald zu Geldzinsen, während die Leistungen (Hand- und Spanndienste für den Grundherrn) sich zunächst in erträglichen Grenzen hielten. Erst die sich ausbreitende Eigenwirtschaft des Grundherrn, die seine Profite maximierte, machte einen verstärkten Arbeitseinsatz der untertänigen Bauern notwendig. Die Grundherren vergrößerten das sogenannte Dominikalland, das sie selbst bewirtschafteten, zuungunsten des «Rustikallandes», das an Bauern in unterschiedlichen Rechtsformen ausgegeben wurde. Überwogen zunächst ganz ungünstige Leiheformen wie das Freistift, bei dem der bäuerliche Untertan jederzeit seinen Hof verlieren konnte, setzte sich bald das Erbrecht weitgehend durch, das der bäuerlichen Familie eine Besitzkontinuität garantierte.

Das Verhältnis zwischen den Bauern und ihrem Grundherrn war zunächst ein gegenseitiges. Der Grundherr übernahm alle militärischen Funktionen und gab den Bauern «Schutz und Schirm», während der Bauer dafür eben Abgaben und Leistungen zu erbringen hatte. Auch in Fällen der Not wie etwa Mißernten oder Naturkatastrophen war der Grundherr – schon im eigenen Interesse – genötigt, dem Bauern beizustehen und ihn nicht zugrunde gehen zu lassen. Doch Grundherrschaft bedeutete weitaus mehr als ein ökonomisches Abhängigkeitsverhältnis der Bauern von ihrem Herrn, auch rechtlich waren die Untertanen der Herrschaft unterstellt und der Grundherr übte auch die niedere Gerichtsbarkeit aus – nur im Falle der Blutgerichtsbarkeit waren die landesfürstlichen Instanzen zuständig. Auch persönlich waren die Bauern nicht völlig frei, sie konnten selbstverständlich ihren Hof nur mit Zustimmung des Grundherrn verlassen, die sie auch in vielen anderen Situationen des Lebens z. B. bei der Eheschließung brauchten.

Zu den Abgaben an den Grundherrn kamen noch andere Belastungen der Bauern hinzu, der Zehent für die Kirche etwa oder die Steuerleistungen für den Staat, die zwar von den Landständen bewilligt werden mußten – was ihnen eine wichtige Waffe gegen den Landsfürsten in die Hand gab –, aber auf die bäuerlichen Untertanen abgewälzt wurden. Adel und Klerus zahlten bis zu den Reformen des aufgeklärten Absolutismus keine Steuern für das Dominikalland.

Diese etwas idealtypisch gezeichneten Verhältnisse in der Grundherrschaft verschlechterten sich im späten Mittelalter dramatisch zuungunsten der Bauern. Die Adeligen waren nun nicht mehr durch «persönlichen Zuzug» ausschließlich für die militärischen Angelegenheiten zuständig, sondern die neue militärische Organisation von Söldnertruppen brachte auch neue finanzielle Belastungen für die Untertanen mit sich. Der «Schutz und Schirm» wirkte ebenfalls nicht mehr; einerseits nahm das Fehdewesen – also die Bereinigung von Rechtsstreitigkeiten durch das «Faustrecht» – immer mehr zu, das vorwiegend auf dem Rücken der bäuerlichen Untertanen ausgetragen wurde. «Schlägst du meine Bauern, schlage ich deine Bauern» schien der Grundsatz dieses Fehdewesens zu lauten. Aber auch gegen äußere Bedrohungen war das alte System des Schutzes durch den Adel nicht mehr wirksam. Als die ersten tatarischen Streifscharen des Osmanischen Reiches Österreich erreichten, zogen sich die Adeligen auf ihre Burgen zurück und überließen die Bauern schutzlos diesen «Rennern und Brennern». Als die Bauern daraufhin rebellierten (z. B. Kärnten 1478) und sich darauf beriefen, daß sie ihre Abgaben und Leistungen nur zu erbringen hätten, wenn man ihnen auch Schutz und Schirm böte, wurde der Aufstand von den Grundherren blutig unterdrückt.

Auch die Rechtsverhältnisse der Untertanen verschlechterten sich im späten Mittelalter; mit der Rezeption des römischen Rechtes, das den ungebildeten Bauern fremd war, und der fortschreitenden Verschriftlichung der Verwaltung gerieten sie ins Hintertreffen und verloren viele ihrer bislang innegehabten Gewohnheitsrechte; Jagd- und Fischereirechte waren davon ebenso betroffen wie etwa das Recht, die Tiere im Gemeindewald zu weiden. Wirtschaftlich verschlechterte sich die Situation der Bauern im späten Mittelalter ebenfalls. Nach der großen Pestwelle von 1348/49 war es zu einem Bevölkerungsverlust gekommen, der sich in den städtischen Ballungsräumen mehr als auf dem Lande mit seinen kleinen Dörfern oder gar Einzelhöfen bemerkbar machte. Resultat war eine Verminderung der Nachfrage nach Getreide und anderen landwirtschaftlichen Produkten, was die Getreidepreise senkte. Gleichzeitig wurden durch die geringere Zahl der städtischen Handwerker Gewerbeprodukte und Dienstleistungen teurer. Diese «Preisschere des späten Mittelalters» betraf Bauern und Grundherrn gleichermaßen und führte zu einer Krise des feudalen Systems. Eine Fülle von kleineren, lokalen Bauernerhebungen war die Folge, wie sie sich etwa 1462 im Salzburger Pinzgau und Pongau, 1478 in Kärnten und Steiermark oder 1515 ebenfalls in Steiermark, Kärnten und Krain zeigten. Diese bäuerlichen Erhebungen können unter dem Schlagwort des Kampfes um das «alte Recht» zusammengefaßt werden.

Mit der Reformation änderte sich nicht nur die politische Rhetorik der Aufstände, sondern auch deren Zielrichtung. Neben die sozialen Fragen traten nun auch religiöse Forderungen im Sinne des Protestantismus oder der Täuferbewegung. Seinen Höhepunkt hatte dieser Kampf um das «göttliche Recht» im großen deutschen Bauernaufstand 1524–1525, dessen Wirkungen weit über das Gebiet des heutigen Österreich hinausgingen. Besonders intensiv war der Kampf in Tirol, wo die Bauern mit Michael Gaismair einen weitblickenden, in sozialen Utopien denkenden Anführer hatten, aber auch im Erzbistum Salzburg und von da ausstrahlend in der Obersteiermark. Die Bauern, die am Anfang jedes Aufruhrs stark waren, wurden – mit der ewig gleichen Taktik der Verschleppung des Konfliktes – bald schwächer (vor allem wenn die Erntezeit heranrückte) und konnten dann von den Adeligen, die inzwischen Truppen gesammelt hatten, besiegt werden. Grausame Strafen und erneute Unterdrükkung waren die Folgen. Mit der Niederlage des «gemeinen Mannes» im Bauernkrieg 1524–26 war der Konflikt nicht bereinigt, auch der Widerstandswille der Bauern nicht gebrochen. Immer wieder – 1564 in Salzburg, 1573 in Steiermark und Krain, 1597/98 in Nieder- und Oberösterreich, 1601 im Salzkammergut, 1645 im Tiroler Zillertal etc. – flackerte der Aufstand auf, und immer wieder wurden die Bauern besiegt. Von großer Bedeutung für die Identität des Landes wurde späterhin vor allem der oberösterreichische Bauernaufstand 1626. Das Land war – als Folge des Dreißigjährigen Krieges – an Bayern verpfändet, und die Gegenreformation sollte im Lande radikal durchgeführt werden. Das führte zu einem großen Aufstand in Oberösterreich unter der Führung von Stefan Fadinger und Christoph Zeller, der zwar letztlich niedergeschlagen wurde, aber für das politische Bewußtsein des Landes bedeutsam blieb.

Nicht nur die Bauern waren «rebellisch», auch in anderen sozialen Gruppen gärte es in der Frühen Neuzeit. Die Knappen der Bergbauorte taten sich auch in den Bauernkriegen als Anführer hervor, die Städter revoltierten gegen die Obrigkeit (z. B. in Salzburg am Vorabend des Bauernkrieges 1525/26), und auch innerhalb der städtischen Ordnung gab es Unruhe. Gesellenaufstände blieben zwar lokal beschränkt, brachten die Obrigkeiten aber immer wieder in Schwierigkeiten. Von einer stabilen sozialen Ordnung kann also nur mit Einschränkungen gesprochen werden.

Konfessionalisierung

Sieht man von zwei Phänomenen ab, waren die Länder Mitteleuropas im späten Mittelalter religiös durch die gemeinsame (römisch-katholische) Religion geprägt. Doch einerseits lebten viele Juden in diesen Ländern, die man allerdings immer wieder verfolgte, vertrieb oder sogar umbrachte (z. B. Wiener Geserah 1420 oder die Vertreibung der Juden aus Innerösterreich 1496), und andererseits gab es viele christliche Gruppen, die man als «Ketzer» verfolgte; die meisten dieser Bewegungen waren klein und nur lokal wirksam, einzig die Hussiten in Böhmen hatten nach dem Märtyrertod des Prager Priesters Jan Hus 1415 eine größere Bedeutung entfaltet. Im Zuge der Hussitenkriege, die religiöse, soziale und (vor-)nationale Motive vermengten, wurde auch Österreich in Mitleidenschaft gezogen.

Beginnend mit dem Thesenanschlag Luthers am 31. Oktober 1517 veränderte sich diese konfessionelle Gleichförmigkeit in Mitteleuropa für alle Zeiten. Im Reich breitete sich das Gedankengut des Reformers, der im Laufe der Zeit von einem innerkirchlichen Kritiker ungewollt zum Begründer einer eigenen Konfession geworden war, immer stärker aus. Fürsten, die zu Trägern der lutherischen Reformation wurden, aber auch die Städte (vor allem im Reich) gingen in das Lager der neuen Konfession über. Mit dem Augsburger Bekenntnis 1530 grenzte sich der Protestantismus deutlich von der «alten Kirche» ab. Hand in Hand mit der Ausbreitung des Luthertums ging auch die Konfessionalisierung vor sich. Jeder lutherische Landesfürst wollte alle seine Untertanen zu seiner Konfession bekehren und damit ein konfessionell einheitliches Staatsgebilde schaffen. Dieser Grundsatz lag schließlich auch dem Augsburger Religionsfrieden von 1555 zugrunde, der einen zeitweiligen Stillstand der konfessionellen Auseinandersetzungen im Reich oder, besser noch, deren Verlagerung auf andere Ebenen bedeutete. Der Grundsatz «cuius regio, eius religio» gab den jeweiligen Landesfürsten das Recht, die religiösen Vorstellungen ihrer Untertanen zu bestimmen.

Auf Grund dieser Entwicklung könnte man vermuten, daß das Herrschaftsgebiet der Habsburger katholisch geblieben ist, doch die Realität sah anders aus. Schon recht früh kamen einzelne Menschen aus Österreich mit der Lehre Luthers in Berührung; einer der ersten, von dem man dies konkret weiß, war der Sohn des oberösterreichischen Landeshauptmannes, Christoph Jörger, der im Reich mit den neuen Ideen bekannt wurde und diese mit in seine Heimat brachte. Es gelang ihm, seine Familie zu den Ideen des Reformators zu bekehren, und die Jörger spielten fast ein Jahrhundert lang für die Geschichte des Protestantismus eine wichtige Rolle. Viele andere Adelige näherten sich ebenfalls der Lehre Luthers an, doch ist das keinesfalls ein einheitlicher Prozeß, viele Familien spalteten sich sogar in einen protestantischen und einen katholischen Zweig. Mit den Grundherren, die Lutheraner wurden, änderten sich auch die konfessionellen Verhältnisse ihrer Grundherrschaften. Das hängt mit den kirchlichen Verhältnissen im Lande zusammen, denn seit dem Mittelalter hatten viele Adelige (ursprünglich auf dem sogenannten «Eigenkirchenwesen» basierende) Rechte und Pflichten gegenüber Kirchen in ihrem Herrschaftsgebiet, die man als Patronatsrechte bezeichnet. Im Sinne dieser Rechtsverhältnisse mußten sie einerseits für die Erhaltung der Kirchen aufkommen, hatten aber auf der anderen Seite einen Einfluß auf die Auswahl der Geistlichen. Natürlich setzten evangelische Adelige statt der katholischen Geistlichen protestantische Prädikanten ein. Damit wurde das Prinzip der Konfessionalisierung in Österreich zunächst nicht auf der staatlichen Ebene, sondern auf der Ebene der Grundherrschaften vollzogen.

Neben dem Adel waren es vor allem die Bürger der Städte, die mit der Lehre Luthers etwas anzufangen wußten; man kann z. B. an der Zahlen der zu Ostern Kommunizierenden in den Städten dieses fortschreitende Festsetzen der neuen Konfession deutlich ablesen. Eine Episode der Entwicklung betraf vor allem die unteren Schichten der Bevölkerung. Bei ihnen übten die Täufer, die von allen Seiten schlimm verfolgt wurden, großen Einfluß aus. Zwei der bekanntesten Täufer, Balthasar Hubmaier und Jakob Hutter, wurden als «Ketzer» verbrannt. Länger als in Österreich hielt sich die täuferische Bewegung in Mähren.

Regional war das Durchdringen der neuen religiösen Ideen nicht gleichmäßig. Während es im Westen der Erbländer, in Tirol und den Vorlanden, wenige Adelige gab, die zum evangelischen Glauben tendierten, war der Einfluß in den donauösterreichischen Ländern Nieder- und Oberösterreich besonders kräftig. Ähnliches kann man über die innerösterreichischen Länder

(Steiermark, Kärnten und Krain) sagen. Ferdinand I. hatte die Ausbreitung der Ideen Luthers zu bekämpfen versucht, doch erwiesen sich seine Ansätze – etwa das Verbot lutherischer Bücher – als zu wenig durchgreifend. Nach der Teilung der Länder nach seinem Tod 1564 unter seine drei Söhne rollte in den 60er Jahren eine neue Welle des Protestantismus durch Österreich. Allerdings fanden die drei Landesherren sehr unterschiedliche Verhältnisse in ihren Herrschaftsteilen vor. Ferdinand von Tirol war mit einem weitgehend katholisch gebliebenen Adel konfrontiert und durch die geographische Lage seines Herrschaftsbereichs, weit weg von der osmanischen Front, auch nicht dem massiven Druck durch die Stände ausgesetzt, wie seine beiden älteren Brüder. Karl von Innerösterreich stand im Gegensatz dazu einer protestantischen Adelsschicht gegenüber, die auch infolge der Tatsache, daß das Land eine lange und relativ schlecht zu schützende Grenze gegen das Osmanische Reich hatte, mächtig war. Die Steuerbewilligungen mußten mit religiösen Zugeständnissen erkauft werden, das spiegelt sich sehr schön in dem zeitgenössischen Spruch: «Der Türk ist der Lutheraner Glück». Karl selbst geriet bei diesen Zugeständnissen nicht nur in Konflikt mit seinem eigenen Gewissen als frommer und überzeugter Katholik, sondern noch mehr mit seiner Frau und deren Familie. 1571 hatte er in einer prächtigen Hochzeit – eines der bedeutendsten Feste der Zeit – Maria von Bayern aus dem Hause Wittelsbach geheiratet. Die bayerische Verwandtschaft drängte zu einer Durchführung gegenreformatorischer Maßnahmen und einer Bekämpfung der Protestanten, aber Karl mußte ihnen realpolitisch in der Religionspazifikation 1572 und nochmals im Brucker Libell 1578 erhebliche Zugeständnisse machen.

Ähnlich, wenn auch anders gelagert auf der persönlichen Ebene, war die Situation für Kaiser Maximilian II. Auch er stand einer mächtigen protestantischen Partei in den Donauländern (und darüber hinaus auch in den böhmischen Ländern und in Ungarn) gegenüber und war ebenso wie sein Bruder Karl von den Ständen finanziell abhängig, um die Türkengefahr bekämpfen zu können. Allerdings neigte der Kaiser selbst den Ideen Luthers zu. Er konnte sich jedoch nie eindeutig für die lutherische

Konfession entscheiden und hatte außerdem seinem Vater versprechen müssen, beim Katholizismus zu bleiben. Seine Haltung, die als «Dritte Kraft», «Kompromißkatholizismus» oder «Nikodemismus» (nach Nikodemus aus der Bibel, der sich nicht eindeutig zu Christus bekennen konnte) bezeichnet wird, war aber den Protestanten gegenüber offen, und Maximilian, der «Theologengezänk» haßte, machte den Lutheranern zur Bedingung, sich auf eine theologische Basis zu einigen. David Chyträus, der ins Land berufen wurde, schuf mit der «Christlichen Kirchen-Agenda» eine Schrift, die von allen Gruppen anerkannt wurde. So trug Maximilian letztlich zu einer Verfestigung der protestantischen Konfession bei. In der Religionskonzession 1568 und dann nochmals in der Religionsassekuration 1571 erhielten die adeligen Landstände religiöse Privilegien, die auch von den Städten in Anspruch genommen wurden. Damit erreichte der Protestantismus in den österreichischen Ländern – und ähnliches gilt auch für Böhmen und Ungarn – einen ersten Höhepunkt in der zweiten Hälfte des 16. Jahrhunderts.

Doch gleichzeitig und parallel zu dieser Entwicklung kann man auch die ersten Maßnahmen der Gegenreformation beobachten. Nicht nur die Lage der alten Kirche im großen hatte sich mit dem Reformpapsttum, dem neuen Bischofsideal, den Reformen des Konzils von Trient/Trento und vor allem mit der Gründung gegenreformatorischer Orden erheblich gebessert, sondern auch in der Habsburgermonarchie verstärkte sich die katholische Partei in dieser Zeit. Schon Ferdinand I. hatte 1551 die Jesuiten nach Wien berufen, weitere Niederlassungen des Ordens im Gebiet des heutigen Österreich (Innsbruck 1562, Graz 1572, später auch in Linz und Klagenfurt) folgten. Langfristig entscheidend wurde sicherlich die Tatsache, daß der Sohn Erzherzog Karls von Innerösterreich, Ferdinand (als Kaiser später Ferdinand II.), zunächst in Graz und später an der Universität Ingolstadt von Jesuiten erzogen wurde. Gemeinsam mit seinem Studienkollegen Maximilian I. von Bayern sollte er im Zuge des Dreißigjährigen Krieges den Gedanken der Gegenreformation in Mitteleuropa zum Siege verhelfen.

Die Gegenreformation in der Habsburgermonarchie hat viele

Gesichter. Die innere Reform der Kirche, durch Visitationen gefördert, die erschreckende Zustände in Klöstern und Pfarren aufdeckten, das langsame Vordringen der Orden der Gegenreformation, aber auch das grausame Unterdrücken, Vertreiben und Ausrotten der Protestanten durch die Habsburger sind Facetten dieser Auseinandersetzungen. Erste wirksame Maßnahmen gegen Protestanten wurden schon in der Zeit der Regierung Rudolfs II. – vor allem von seinen Brüdern und Statthaltern Erzherzog Ernst und später dann Erzherzog Matthias – ergriffen. Der führende Mann hinter diesen beiden Erzherzogen war Melchior Khlesl, der als Sohn von Protestanten geboren war und sich zum Motor der Gegenreformation in Donauösterreich entwickelte. Er war Offizial des Bischofs von Passau, dann Bischof von Wiener Neustadt, schließlich auch von Wien, 1615 wurde er sogar Kardinal.

Die Maßnahmen in Niederösterreich setzten beim schwächsten Glied an, bei den Städten; sogenannte Reformationskommissionen kamen unter militärischer Bedeckung in die Stadt und zwangen deren Bürgerinnen und Bürger zu einer schnellen Konversion. Viele Protestanten verließen auch schon in dieser Phase der Gegenreformation, mehr noch später das Land, was zu einem Aderlaß wirtschaftlicher und intellektueller Eliten führte, dessen Ausmaß noch nicht voll erforscht ist. Auch in Wien hatte man seit 1577/78 eine härtere Gangart gegen die Protestanten angeschlagen, der lutherische Prediger Josua Opitz wurde vertrieben, die protestantischen Kirchen und Schulen der Stadt geschlossen. Den Wienern blieb nur noch das «Auslaufen», das heißt die Möglichkeit, protestantischen Gottesdienst vor der Stadt, in den Kirchen der adeligen Herrschaften (die Jörger in Hernals und die Geyer in Inzersdorf) zu feiern. Die Versuche, dieses «Auslaufen» zu verbieten, durchziehen die Jahrzehnte vor und nach 1600. Dann kam den Protestanten ein politischer Konflikt zu Hilfe. Erzherzog Matthias (und hinter ihm Khlesl) strebte nach dem Ende des langen Türkenkrieges 1606 immer deutlicher nach der Herrschaft, da er und auch die meisten anderen Erzherzöge des Hauses Habsburg meinten, daß Rudolf II. aufgrund seines geistigen Zustandes nicht regierungsfähig sei und es auch verabsäume, für eine geordnete Nachfolge im Reich und den Ländern zu sorgen. Die Interessen Rudolfs II., der die Residenz nach Prag verlegt hatte, lagen auf anderen Gebieten; er unterhielt einen der bedeutendsten Musenhöfe Europas, legte reiche Sammlungen an und beschäftigte sich mit Alchemie und Astrologie, Politik hingegen interessierte ihn nur phasenweise, so daß der Widerstand der anderen Erzherzöge nicht unverständlich war. Im «Bruderzwist» mit Erzherzog Matthias, der in mehreren Phasen verlief, suchten beide Kontrahenten die Hilfe der adeligen Landstände. Matthias verbündete sich 1608 mit den österreichischen, mährischen und ungarischen Ständen um den Preis religiöser Duldung und zwang seinen Bruder, der seinerseits nur die böhmischen und schlesischen Stände als Verbündete hatte, ihm Nieder- und Oberösterreich, Mähren und das kaiserliche Ungarn abzutreten (Vertrag von Lieben/Stará Líbena 1608). In diesen Ländern konnte er nun die Protestanten nicht verfolgen, mußte z. B. auch das «Auslaufen» in Wien stillschweigend tolerieren. Nach der zweiten Phase des Bruderzwistes, der nach einer kurzen Unterstützung Rudolfs durch Erzherzog Leopold, den Bischof von Passau, und sein «Passauisches Kriegsvolk» im Jahre 1611 mit einer endgültigen Niederlage des Kaisers endete, wurde der konfessionelle Konflikt wieder schärfer.

Ein anderer Schauplatz der konfessionellen Auseinandersetzungen muß in diesem Kontext noch beleuchtet werden. In Innerösterreich hatte sich die Reformation nicht nur unter den deutschen Bewohnern des Landes sehr weit verbreitet, sondern auch die Slowenen gingen unter Anleitung des großen Reformators Primož Trubar, der die Bibel ins Slowenische übersetzt hatte, zum neuen Glauben über. Als der Jesuitenzögling Erzherzog Ferdinand also 1595 – fünf Jahre nach dem Tod seines Vaters – alt genug war, um die Regierung zu übernehmen, waren seine Ansprüche, die er auf seiner Reise nach Rom und Loreto auch in einem Gelübde niedergelegt hatte, sein Land von den «Ketzern» zu befreien, in heftigem Widerspruch zur Realität. Trotz der schwierigen Ausgangslage begann er eine energische Offensive der Gegenreformation; Bücher wurden verbrannt, Städte und Märkte mit Gewalt rekatholisiert und der Hof von Protestanten völlig «gesäubert». Nur an der Macht des Adels konnte sich Ferdinand noch nicht reiben.

Als nach dem Tod des (ebenso wie sein Bruder Rudolf kinderlosen) Kaisers Matthias dieser erzkatholische Erzherzog Ferdinand König von Böhmen wurde, war die Katastrophe vorprogrammiert. Der Aufstand der protestantischen Stände, die sich auf den sogenannten «Majestätsbrief» Rudolfs II., den dieser ihnen im Bruderzwist gewähren mußte, stützten, hatte schon zu Lebzeiten Kaiser Matthias' begonnen. Der Auftakt war der Prager Fenstersturz am 23. Mai 1618, der auch als Beginn des Dreißigjährigen Krieges angesehen wird. Bei diesem Ereignis wurden die katholischen Statthalter Jaroslav Bořita Graf Martinitz und Wilhelm Graf Slavata sowie ein Schreiber aus einem Fenster der Prager Burg gestürzt. Die im Verständnis der Habsburger «rebellischen» böhmischen Stände unter der Führung von Matthias Thurn-Valsassina waren auf dem Weg zu einer protestantischen Staatlichkeit. Ferdinand wurde abgesetzt, der Calviner Friedrich von der Pfalz, der mit der englischen Dynastie verschwägert war, zum König gewählt. Außenpolitisch nahm man Kontakte zu allen Feinden des Hauses Habsburg (Frankreich, Osmanen etc.) auf und militärisch drangen die böhmischen Truppen bis Wien vor. Ferdinand war aber auch unter diesen Bedingungen – in der sogenannten «Sturmpetition» soll ihn der Adelige Andreas von Thonrädl sogar tätlich angegriffen haben – nicht zum Nachgeben in konfessioneller Hinsicht bereit. Wie er es in seiner Erziehung gelernt hatte, wollte er den Katholizismus selbst mit Gewalt im Reich und seinen Ländern durchsetzen und verbündete sich dazu mit seinem Schwager, dem bayerischen Herzog Maximilian I., dem Führer der katholischen Liga, eines Militärbündnisses, das im Reich der protestantischen Union gegenüberstand. Eine Militarisierung der konfessionellen Frage kennzeichnete schon seit etwa 1608 – als erstmals ein Reichstag auf Grund konfessioneller Differenzen gescheitert war – die Lage der Konfessionen.

1620 kam es schließlich bei Prag auf dem Weißen Berg/Bílá Hora zu einer entscheidenden Schlacht, deren Auswirkungen Mitteleuropa für lange Zeit prägen sollten. Die protestantischen böhmischen Stände wurden von einem Heer des katholischen Kaisers und der katholischen Liga besiegt, Friedrich von der Pfalz (genannt «Winterkönig») mußte fliehen. Ein Strafgericht ging über Böhmen, 1621 wurden 27 Schlüsselfiguren der antihabsburgischen Partei am Altstädter Ring in Prag hingerichtet – ihre Namen lesen sich wie ein politischer und intellektueller *Who is who* Böhmens dieser Zeit. Viele Menschen mußten das Land verlassen, viele der Adeligen verloren ihre Güter. Diese Konfiskationen, die nach 1620 und dann nochmals nach dem Tod Albrechts von Wallenstein, der in der ersten Phase einer der Hauptnutznießer dieser Besitzumschichtung war, stattfanden, veränderten das Bild des böhmischen Adels grundlegend. Nur mehr Katholiken waren vertreten und viele der neuen Familien stammten aus den deutschsprachigen oder auch den romanischsprachigen Ländern Europas. Mit der «Verneuerten Landesordnung» des Jahres 1627 setzten sich zwei Tendenzen durch: Religiös wurde Böhmen rekatholisiert und politisch kam der Absolutismus zum Zuge.

Doch diese Maßnahmen trafen nicht nur die böhmischen Länder, sondern diese «böhmischen Stiefel» wurden auch den Ländern, die Ferdinand beherrschte, angezogen. Auch in den österreichischen Erbländern – besonders in Innerösterreich – wurde der Adel vor die Wahl gestellt, entweder zu konvertieren oder das Land zu verlassen. Viele gingen ins Reich, andere konvertierten schnell zum Katholizismus und rekatholisierten damit auch die Untertanen ihrer Herrschaften. Wir wissen nichts Genaues über die statistischen Verhältnisse der Konfessionen, aber etwas plakativ kann man sagen, daß es um 1600 ca. 75–90% Protestanten in den Erbländern und Böhmen gegeben hatte. Nach 1627 gab es offiziell nur noch Katholiken. Nur in sehr wenigen Orten (z. B. in Kärntner Tälern, im oberen Ennstal oder in Gosau in Oberösterreich) hielten sich protestantische Reste, die als Geheimprotestanten (auch Kryptoprotestanten genannt) überlebten und erst nach den Toleranzpatenten Josephs II. 1782 ihre Religion offen ausüben konnten.

Ganz anders war die Situation in Ungarn, wo es wegen der komplexen Situation der Dreiteilung, von der noch die Rede sein wird, und dem anhaltenden Konflikt mit dem Osmanischen Reich sowie dem verbrieften und auch häufig geübten Widerstandsrecht des Adels zu keiner Durchsetzung der Gegenreformation kam. Zwar wirkte der katholische Habsburgerhof auf die ungarischen Eliten anziehend und brachte manchen Adeligen zum Katholizismus, doch blieb Ungarn ein multikonfessionelles Land, das neben Katholiken und Lutheranern auch große Anteile an Calvinisten und Orthodoxen hatte.

Eine protestantische Konfessionalisierung war also gescheitert, eine katholische mit einem hohen Verzögerungsgrad gegenüber den Verhältnissen im Heiligen Römischen Reich durchgeführt worden. Mit Ausnahme Ungarns und der Spuren des Geheimprotestantismus war die Habsburgermonarchie um die Mitte des 17. Jahrhunderts wieder ein ausschließlich katholisches Land geworden.

Gegner im Westen und Osten – Die Osmanen und Frankreich

Der «Aufstieg zur Großmacht» kostete seinen Preis. Seit dem späten Mittelalter waren die Habsburger mit zwei Gegnern in Europa konfrontiert und dadurch häufig in Kriege verwickelt. Mit der Festsetzung in Burgund und wenig später in Spanien war man in einen Gegensatz zu Frankreich geraten, das sich von den Habsburgern eingeschlossen fühlte, und dieser Gegensatz wurde zu einer Grundlage der europäischen Politik bis ins 18. Jahrhundert. Schon im späten 15. und beginnenden 16. Jahrhundert war die Auseinandersetzung mit Frankreich heftig, doch spielten in dieser Zeit die Spanier die Vorreiterrolle der habsburgischen Politik. Später im 16. Jahrhundert hatte sich die Lage etwas gemäßigt, aber immer wieder standen in den reichspolitischen Fragen die Franzosen, die häufig auch mit den protestantischen Staaten kooperierten, auf seiten der Gegner der habsburgischen Dynastie.

Ganz deutlich wurde dies im Dreißigjährigen Krieg, der zwar als Religionskrieg begann, aber bald zu einer politischen Entscheidungsschlacht zwischen Frankreich und den Habsburgern wurde. Zwar griff Frankreich erst sehr spät – in der Spätphase des Schwedischen Krieges 1635 – selbst ins Geschehen ein, aber durch Subsidienzahlungen unterstützte man zuerst Dänemark und schließlich Schweden, deren vielfältige Interessen – der Schutz der protestantischen Sache war nur eine davon – sie in diesen Krieg geführt hatten.

In der Regierungszeit Ludwigs XIV. (1661–1715), der die Vorherrschaft (Hegemonie) in Europa anstrebte, verschärften sich diese Spannungen, die auf den Schlachtfeldern ebenso ausgetragen wurden wie auf dem Feld der Kultur. Wann immer die Habsburgermonarchie Kriege führte, stand Frankreich auf der Seite der Gegner, was andererseits zur Folge hatte, daß England, dessen Konflikte mit Frankreich vor allem in Übersee lagen, fast immer mit der Habsburgermonarchie – nicht immer zur reinen Freude der streng katholischen Herrscher – verbündet war.

In den aus der allgemeinen Geschichte bekannten Kriegen des späten 17. und frühen 18. Jahrhunderts waren die Habsburger Partei. Sie kämpften zunächst 1667/68 in den Devolutionskriegen, in den Jahren von 1672–1678 führte Österreich dann eine Koalition gegen Frankreich, der Krieg endete mit dem für die Habsburger wenig befriedigenden Vertrag von Nimwegen. Das Reich erlitt in den Jahren darauf große Verluste durch die sogenannte Réunionspolitik Ludwigs XIV. (Höhepunkt 1681 Annexion von Straßburg/Strasbourg), die Kämpfe setzten sich von 1688 bis 1697 im Pfälzischen Krieg fort, dessen Friedensschluß in Rijswijk zwar Verluste für Ludwig brachte, aber die Réunionen als französisches Territorium bestätigten.

Ein Konflikt, von dem die Habsburger unmittelbar betroffen waren, schwelte schon während dieser Zeit: die spanische Erbfolgefrage. Es war vorauszusehen, daß die spanische Linie des Erzhauses erlöschen würde, und die auf Spanien und seine Nebenländer – die italienischen Besitzungen und die Niederlande in Europa und den überseeischen Besitz – gerichteten Begehrlichkeiten wuchsen. Durch Heiratsverbindungen war der Anspruch Frankreichs ähnlich gut begründet wie derjenige der österreichischen Habsburger, die mit der Einheit des Hauses argumentieren konnten. Letztlich entschieden diesen Konflikt weder die Heiratsnetzwerke noch das Testament des letzten spanischen Habsburgers Karls II. († 1700) zugunsten des Enkels Ludwigs XIV.,

Philipp von Anjou, sondern die Waffen. Im Spanischen Erbfolgekrieg 1701–1714 war die Lage der Habsburger, die mit Prinz Eugen einen tüchtigen Feldherrn und mit Englands Heer unter John Churchill Duke of Marlborough einen tüchtigen Verbündeten hatten, zunächst günstig. Doch dann starb der ältere der beiden noch lebenden Habsburger, Kaiser Joseph I., in jungen Jahren, und sein jüngerer Bruder Karl (als spanischer König Karl III.) folgte ihm im Reich und in der Habsburgermonarchie nach. Damit war nun eine Vorherrschaft der Habsburger in Europa zu befürchten und England, das noch dazu einen Regierungswechsel hatte, stieg aus der Koalition aus. Philipp V. (Anjou) setzte sich im Frieden von Utrecht (dann auch in Rastatt und Baden) als König von Spanien und den überseeischen Kolonien durch, doch erwarb Kaiser Karl VI. die Niederlande und den italienischen Besitz Spaniens, um den allerdings in den Jahren danach noch heftig gekämpft wurde.

Am Ende der Regierungszeit Karls, dem männlicher Nachwuchs letztlich versagt blieb, tat sich für Frankreich eine neue Gefahr auf. Die ältere Tochter Karls, Maria Theresia, die aufgrund der Pragmatischen Sanktion von 1713, von der noch ausführlich die Rede sein wird, als Erbin feststand, wollte Franz Stephan von Lothringen heiraten. Damit wären die Habsburger erneut mitten in Frankreich gestanden. Die Angelegenheit entschied sich mit dem Ausgang des polnischen Thronfolgekrieges: Zwar wurde der österreichische Kandidat August III. von Sachsen König von Polen, doch sein französischer Gegenspieler Stanislaus Leszczinski erhielt Lothringen, Franz Stephan wurde – nach dem Aussterben der Medici – mit der Toskana entschädigt. Frankreich erkannte die Pragmatische Sanktion an.

Doch – wie Prinz Eugen schon kritisch einwandte – erwies sich dieser Vertrag nur als ein Stück Papier. Im österreichischen Erbfolgekrieg, der im Hintergrund der preußischen Annexion Schlesiens entstand, war Frankreich erneut einer der Gegner der Habsburgermonarchie. Zwar verlief dieser Krieg für Maria Theresia relativ glimpflich, obwohl der Verlust Schlesiens schmerzlich war. Der Gegensatz zu Preußen, das sich in der Folge England annäherte, brachte einen dramatischen Wechsel in der

Bündnissituation Europas zustande, der als «renversement des alliances» bezeichnet wird und eine völlige Veränderung des europäischen Bündnissystems mit sich brachte. Die beiden Langzeitgegensätze in Europa kamen dabei zum Tragen: Frankreich war mit den Habsburgern, aber auch mit England verfeindet. Daher war die übliche Bündniskonstellation im 17. und 18. Jahrhundert eine Allianz Englands mit Wien. Nun näherte sich England Preußen an und verursachte damit einen gesamteuropäischen Wandel der Allianzen. Österreich und Frankreich fanden zusammen und eine rege Heiratspolitik stützte diese Politik auch durch familiäre Verbindungen ab. Ziel dieses Bündnisses, mit dem man in den Siebenjährigen Krieg (1756–1763) ging, war es, Schlesien zurückzugewinnen. Dieser Plan scheiterte, im Frieden zu Hubertusburg wurde der status quo bestätigt.

Aus vielen Gründen prägte die Auseinandersetzung mit dem zweiten Gegner, dem Osmanischen Reich, die Habsburgermonarchie entscheidender, denn einerseits war dieser Konflikt ideologisch überhöht, man kämpfte gegen den «Erbfeind der Christenheit», und seine Auswirkungen hatten einen deutlicheren, räumlich näheren Zusammenhang mit der habsburgischen Expansionspolitik.

Schon im späten Mittelalter hatten tatarische Streifscharen das habsburgische Herrschaftsgebiet erreicht und Angst und Schrecken verbreitet, aber erst nach 1526 stellte sich das Problem mit den Osmanen in einer existentiellen Form. Mit dem Versuch der Erwerbung Ungarns hatte man auch die Nachbarschaft zum Osmanischen Reich, das im späten Mittelalter sich in den Südosten Europas ausgedehnt hatte, erworben. Schon wenige Jahre nach der entscheidenden Schlacht bei Mohács 1526 standen die Türken vor Wien und belagerten 1529 die Stadt. Sie trafen jedoch zu spät im Jahr ein, und der herannahende Winter zwang sie, nach kurzem die Belagerung abzubrechen. Doch der große Sultan Süleyman versuchte es 1532 noch einmal, allerdings blieb er diesmal an der Festung Güns/Köszeg hängen und konnte Wien nicht erreichen. Die weiteren Kämpfe in Ungarn führten schließlich zu einer Dreiteilung des Landes; die Habsburger konnten nur einen schmalen Streifen im Westen von der Slowakei bis an die

Adria halten, für den sie Tribut (diskret als «Ehrengeschenk» umschrieben) leisteten, die Osmanen setzten sich im Zentrum Ungarns fest und der Gegenspieler der Habsburger, Jan Szapolyai und seine Nachfolger, beherrschten Siebenbürgen.

Die lange Grenze und die Tatsache, daß in den Waffenstillständen (Friedensschlüsse mit «Ungläubigen» schlossen die Osmanen nicht ab) Einfälle mit weniger als 4000 Mann und ohne Artillerie nicht als Verletzung des Vertrages galten, machten die Situation in Ungarn schwierig. Im Lande herrschte ein steter Kleinkrieg, dessen Finanzierung die Habsburger in Abhängigkeit von den Landständen hielt. Die Einrichtung einer Militärgrenze mit freien, waffenfähigen (slawischen) Bauern verbesserte die Situation zwar, konnte aber nicht zu einer völligen Bereinigung des Problems beitragen. Weitere Vorstöße der Osmanen führten immer wieder zu Kriegen, die über die gewohnten Scharmützel hinausgingen; 1566 versuchte Süleyman die Festung Szigetvár zu erobern und starb bei der Belagerung. Aber auch unter seinen weniger tatkräftigen Nachfolgern entstanden neue Konflikte, so auch der lange Türkenkrieg Rudolfs II. (1592–1606), der mit dem für den Kaiser günstigen Frieden von Zsitvatorok (1606) endete.

Mit diesem Friedensschluß trat eine lange Pause in den Türkenkriegen ein – zum Glück für die Habsburger, die ja im Dreißigjährigen Krieg sicherlich keine zweite Front brauchen konnten. Erst 1663/64 kam es – anläßlich einer Auseinandersetzung in Siebenbürgen – wieder zu einem Türkenkrieg. Zwar siegten die Habsburger erstmals über ein osmanisches Hauptheer in der Schlacht von Mogersdorf/St. Gotthard, doch verspielten sie alle Chancen im Osten durch einen ungünstigen raschen Friedensschluß, der als «Schandfriede» von Eisenburg/Vasvár bezeichnet wurde. Der Wunsch, im Osten Frieden zu schließen, weil man freie Hand gegen Frankreich im Westen haben wollte, wurde von den ungarischen Adeligen nicht verstanden. Sie hatten schon zuvor – etwa im langen Türkenkrieg unter Stefan Bocskay – von ihrem verbrieften Widerstandsrecht (Goldene Bulle Andreas II. 1222) Gebrauch gemacht; jetzt kam es zur sogenannten Magnatenverschwörung, die entdeckt und blutig niedergeworfen wurde. Die Adeligen Peter Zrinyi und Franz Frangepany wurden hingerichtet, und für lange Zeit war das Verhältnis zu den Ungarn gespannt. Eine ungarische Adelsopposition unter Emmerich Thököly und später Franz Rákóczy kämpfte auch in den darauffolgenden Jahren gegen das Haus Habsburg.

1683 versuchte der Großwesir Kara Mustafa das zu erreichen, was dem größten Sultan, Süleyman dem Prächtigen, nicht gelungen war: Wien, die Stadt des goldenen Apfels, wie die Osmanen sie nannten, zu erobern. Doch diese zweite Wiener Türkenbelagerung schlug fehl; eine vom Papst initiierte «Heilige Liga» mit Polen und italienischen Staaten, allen voran Venedig, kam zustande und ein Entsatzheer unter dem polnischen König Jan III. Sobieski und Karl von Lothringen besiegte die Osmanen in der Schlacht auf dem Kahlenberg. Im Gegensatz zu 1664 nützten die Habsburger aber nun – trotz der Verwicklung in einen Krieg im Westen – die Lage zu einem Gegenstoß, der bis 1699 dauerte. 1686 wurde Budapest aus der Hand der Türken befreit (was 1687 zu einer Anerkennung des habsburgischen Erbrechtes im Mannesstamm durch die ungarischen Stände führte), und nach dem entscheidenden Sieg des Prinzen Eugen bei Zenta/Senta kam es schließlich 1699 zum Frieden von Karlowitz/Sremski Karlovci. Ganz Ungarn mit Ausnahme des Banats fiel an die Habsburger, sowohl der osmanische Teil als auch Siebenbürgen, doch war das Land schwer verwüstet und mußte durch Siedler aus dem Westen zum Teil neu bevölkert werden.

Noch bei zwei weiteren Türkenkriegen, die beide in der Regierungszeit Karls VI. geführt wurden, stand dieses religiöse Motiv des Kampfes gegen den Islam im Vordergrund. 1716–1718 kämpfte der Prinz Eugen und siegte bei Peterwardein/Petrovaradin und eroberte Belgrad. Dieses Ereignis trug zum Ruhm des «edlen Ritters», der eine «Brucken schlagen» ließ, um diese wichtige Schlüsselposition in die Hand des Kaisers zu bringen, erheblich bei. Im Frieden von Passarowitz/Požarevac gewann die Habsburgermonarchie noch weitere Gebiete hinzu, die allerdings in dem wenig glücklich geführten zweiten Türkenkrieg Karls VI. 1737–1739 wieder verlorengingen (Friede von Belgrad 1739). In diesem Krieg, der den zukünftigen Gegensatz der Habsburger zu Rußland, das massive Interessen auf dem Balkan verfolgte, immer wieder aufblitzen ließ, verlor man nicht nur Landstriche, sondern auch Prestige und das Vertrauen der Balkanbevölkerung, die sich nun den orthodoxen, slawischen Russen als zukünftigen «Befreiern» zuwandte.

Den letzten ebenfalls völlig erfolglosen Türkenkrieg führte Joseph II. 1787–1791, allerdings war nun das Osmanische Reich nicht mehr als «Erbfeind christlichen Namens» Gegner, sondern war zu einem Staat wie andere auch geworden. Nach diesem Desaster, das erst Leopold II. im Frieden von Sistowa 1791 beendete, kam es zu keinen militärischen Auseinandersetzungen mehr zwischen dem Osmanischen Reich und Österreich, ganz im Gegenteil. Konfrontiert mit gemeinsamen Problemen wie der Nationalitätenfrage und einem gemeinsamen Gegner wie Rußland, kamen sich die beiden Staaten im «langen 19. Jahrhundert» näher, und es folgt den Gesetzen historischer Logik, daß sie 1914 gemeinsam in den Ersten Weltkrieg zogen und an dessen Ende auch gemeinsam der Auflösung unterworfen wurden.

Doch für die Jahrhunderte der Frühen Neuzeit ist diese Gegnerschaft zum Osmanischen Reich mit seiner ideologischen, von Kirche und Staat getragenen Verteufelung des Feindes ein wesentlicher Teil der habsburgischen Staatsideologie und auch nicht wegzudenkender Inhalt der katholischen Frömmigkeit, in der die Osmanen ebenso wie die Protestanten als bêtes noires des Katholizismus fungierten.

Konsolidierung und Triumph

War die Lage für die Habsburger im 16. und beginnenden 17. Jahrhundert durch die sozialen Spannungen, die konfessionelle Gespaltenheit und die übermächtige Gegnerschaft der Osmanen und auch der Franzosen prekär, so besserte sich die Situation in zwei Phasen im 17. Jahrhundert, so daß man das späte 17. und die erste Hälfte des 18. Jahrhunderts als eine Phase der Konsolidierung ansehen kann.

Der erste Schritt zu einer Durchsetzung der Interessen der Dynastie ist mit dem epochemachenden Ereignis der Schlacht am Weißen Berg von 1620 verbunden, nach der die Gegenreformation durchgeführt werden konnte, die auch dem Absolutismus zum Durchbruch verhalf. Die Epochengrenze der tschechischen Historiographie – man spricht von der Zeit vor und nach dem Weißen Berg (předbělohorský und pobělohorský) – macht in vieler Hinsicht nicht nur für die böhmische Geschichte Sinn.

Der zweite Schritt kann mit dem Jahr 1683 als Wendepunkt definiert werden, denn damit gingen die Habsburger zur Offensive in Ungarn über, und mit diesem Ereignis ist auch ein Ausbau des Absolutismus in der Donaumonarchie verknüpft gewesen.

Der «absolutistische Staat»

Der Begriff Absolutismus ist in der Diskussion des Faches Geschichte in der letzten Zeit heftig umstritten, ohne daß man ihn durch einen anderen, überzeugenden Terminus ersetzen konnte. Er soll daher hier mit aller Vorsicht weiter verwendet werden. Sicherlich war der Absolutismus der Habsburger in den von ihnen direkt beherrschten Ländern – und schon gar nicht im Reich – keiner, der mit dem Absolutismus in Frankreich unter Ludwig XIV. zu vergleichen ist, aber dennoch machen sich einige Phänomene bemerkbar, die eine Verlagerung der Macht von den Ständen in Richtung auf den Herrscher deutlich machen. Eine der unmittelbaren Auswirkungen der Schlacht auf dem Weißen Berg war nicht nur die Zurückdrängung des Protestantismus, sondern auch ein Machtzuwachs der Dynastie. Nicht nur die Katholiken hatten die Protestanten besiegt, sondern auch der Kaiser die Stände, und das zeigte sich in der «Verneuerten Landesordnung» in Böhmen von 1627 deutlich. Diese verbot alle nicht-katholische Religion, sie setzte aber auch das Erbrecht der Habsburger in Böhmen durch – und später ähnlich auch in den anderen Ländern der Wenzelskrone – und verminderte den Einfluß des ständischen Adels auf die Landesverwaltung beträchtlich. Damit war für Böhmen – und in der Folge auch für die Erbländer, wo man vom Machtgewinn 1620 ebenfalls profitierte – ein Übergang zu einer neuen, in der älteren Forschung als Absolutismus bezeichneten Staatsform gegeben.

Was die Herrschaftsrechte der Dynastie anlangt, war ein weiterer Schritt erst gegen Ende des 17. Jahrhunderts möglich. Im Gegensatz zu den böhmisch-österreichischen Kernländern (wie sie dann in der mariatheresianischen Zeit bezeichnet wurden) war die Situation in Ungarn für die Dynastie schwierig. Sie beherrschte nur einen kleinen Teil des Landes, war mit einer langen Grenze mit dem Osmanischen Reich konfrontiert, das ständig kriegsbereit war, und auch der ungarische Adel war kein leichter Partner für die Dynastie. Basierend auf der Goldenen Bulle Andreas II. von 1222, die ein Widerstandsrecht des Adels gegen den ungarischen König verbriefte, beharrten die Adligen, die sich als «Staatsnation» fühlten, auf ihren Vorrechten und ihrer konfessionellen Vielfalt und entzogen sich damit der Möglichkeit, einen konfessionell einheitlichen Untertanenverband zu schaffen. Auf jeden Versuch, konfessionell oder politisch Ähnliches durchzusetzen wie in Böhmen und Österreich, antwortete die ungarische Adelsnation mit dem Aufstand und kämpfte gegen die Habsburger.

Was die religiöse Situation anlangte, mußten die Habsburger ihr Ziel, ein konfessionell einheitliches Staatsgebiet im Königreich der heiligen Stefanskrone zu schaffen, zurückstecken und setzten auf die friedliche Mission, die einzelne Adelige (samt ihren Untertanen) zum Katholizismus führte. In der politischen Auseinandersetzung hingegen brachte das Jahr 1683 eine gewisse Wende mit sich. Der Adel respektierte den Kampf gegen das Osmanische Reich, der zur «Befreiung Ungarns vom Türkenjoch» und zu einer «Wiedereroberung Ungarns» führen sollte. Die Problematik dieser ideologisch belasteten Begriffe, die zum Teil noch in der heutigen Geschichtsschreibung Verwendung finden, kann hier nur angedeutet werden. Die Eroberung der Festung Ofen und damit der alten und künftigen Hauptstadt Budapest durch kaiserliche Truppen 1686 war ein so gewaltiger Prestigegewinn für den Kaiser, daß die ungarischen Stände im Jahr darauf am Landtag in Preßburg/Bratislava den Habsburgern das Erbrecht im Mannesstamm zugestanden und auf das Widerstandsrecht verzichteten. Doch war man damit und mit der schließlich 1699 vollendeten Eroberung des alten Ungarn dem Absolutismus wieder ein Stück näher gerückt.

Das Erbrecht im Mannesstamm erwies sich dann am Beginn des 18. Jahrhunderts als zu wenig. Karl VI. war der letzte männliche Sproß des Hauses Habsburg und versuchte nun, sein Erbe zu ordnen. Mehr zufällig als geplant entstand mit der Pragmatischen Sanktion von 1713 ein Dokument, das eine weitreichende Bedeutung für die Zukunft erlangen sollte. In dieser Urkunde erklärte Karl VI. – traumatisiert durch die Teilung des spanischen Erbes, die er hatte hinnehmen müssen – die von ihm regierten Länder als «unteilbar und untrennbar» und regelte die Erbfolge. Für den Fall eines männlichen Nachwuchses, den man noch erwartete, sollte dieser erben, aber im Falle, daß er «nur» Töchter haben würde (was letztlich eintrat), sollten seine Töchter vor denen seines älteren Bruders Josef I. und denen seines Vaters Leopold I. erben. Damit wurde die übliche adelige Erbfolge, in der die ältere Linie bevorzugt wurde, umgedreht. Das ist das Neue an der Pragmatischen Sanktion, das weibliche Erbrecht an sich geht ja bis zum *Privilegium minus* von 1156 zurück. Im Laufe des nächsten Jahrzehnts nahmen alle Länder der Monarchie die Pragmatische Sanktion an – zuletzt auch Ungarn –, die damit zu einem ersten Staatsgrundgesetz wurde. Weitaus weniger haltbar erwies sich 1740 – als Maria Theresia die Herrschaft übernahm – die außenpolitische Garantie dieses Dokuments durch alle Großmächte Europas.

Doch der Absolutismus der Habsburger beruhte nicht allein auf den rechtlichen Veränderungen des Verhältnisses zu den verschiedenen Teilstaaten, sondern auch auf dem Wandel der Staatsstruktur, die mit den Schlagwörtern Bürokratisierung und Militarisierung zu umschreiben ist.

Der Ausbau einer immer größer und (zumindest meist) auch effizienter werdenden Verwaltung ist ein Kennzeichen absolutistischer Politik und ist für die Habsburgermonarchie gut nachvollziehbar. Aufbauend auf den Reformen Ferdinands I. von 1527 wurde der Hofstaat größer – er hatte seine Stärke bis zum Beginn des 18. Jahrhunderts etwa verzehnfacht – und durch den

Einsatz gebildeter Bürger in den Kanzleien auch immer einschneidender von den Juristen dominiert. Zwar wurde der Höhepunkt der Bürokratisierung erst im sogenannten aufgeklärten Absolutismus unter Maria Theresia und ihren beiden Söhnen erreicht, der den Beamten- und Untertanenstaat vollendete, doch die Vorarbeit hatten bereits das 17. und frühe 18. Jahrhundert geleistet.

Mit dem Ende des Dreißigjährigen Krieges blieb dem Kaiser auch ein anderes wesentliches Machtinstrument erhalten: ein stehendes Heer. Hatte man davor für jede Auseinandersetzung ad hoc Truppen angeworben, so stand nun ein Söldnerheer beträchtlichen Ausmaßes bereit, das nicht nur in den Kriegen der Zeit – und das 17. und 18. Jahrhundert bilden eine besonders kriegerische Epoche der Habsburgermonarchie –, sondern auch als innere Stütze der Macht zur Verfügung stand.

Neben diesen «realen» Pfeilern des Absolutismus, dem Beamtenapparat und der Armee, ist für die Habsburgermonarchie die katholische Kirche als Pfeiler ihrer Herrschaft nicht wegzudenken. In der Niederringung der protestantischen Stände hatten Kirche und Herrscher gemeinsam triumphiert; als dann 1683 und danach noch der «Erbfeind der Christenheit» weit in den Balkan zurückgedrängt werden konnte, war der Triumph der beiden Mächte komplett. Der Kaiser war auf dem Höhepunkt seiner Macht und ebenso die «Ecclesia triumphans», die sich gegen alle anderen Konfessionen behauptet hatte. Man spricht häufig von einem «konfessionellen» Absolutismus in der Habsburgermonarchie, der dann erst im 18. Jahrhundert langsam verblaßte.

Im regionalen Vergleich zu Frankreich hat hingegen der wirtschaftliche Aufschwung mit der dem Absolutismus zuordenbaren und adäquaten Wirtschaftsideologie des Merkantilismus in Österreich eine vergleichsweise bescheidene Rolle gespielt. Doch im chronologischen Vergleich mit der Zeit davor hat sich vieles verändert; Formen der Kapitalisierung und Protoindustrialisierung haben einerseits in den adeligen Grundherrschaften angesetzt (Fischteiche, Hopfenanbau und Brauereien, Schafzucht und Textilmanufakturen, Glas und Porzellan), andererseits auch im städtischen Bereich, wo ebenfalls Manufakturen gegründet wurden. Doch vieles kam verspätet, und auch die Theoretiker des Merkantilismus in Österreich wie Johann Joachim Becher, Wilhelm von Schröder, Philipp Wilhelm von Hörnigk waren in der Praxis wenig erfolgreich. Was fehlte waren – um es plakativ auszudrücken – protestantisch-calvinischer Unternehmergeist und Kapital. Die großen Gewinne aus dem Fernhandel, die in Westeuropa die Protoindustrialisierung finanzierten, gab es in der Monarchie nicht, und diejenigen, die bewegliches Kapital besaßen – die Juden der Monarchie –, waren aus religiösen Gründen diskriminiert oder wurden vom Herrscher als «Hofjuden» vorwiegend zur Kapitalbeschaffung für die Kriege eingesetzt. Männer wie Samuel Oppenheimer oder Samson Wertheimer managten die Finanzen des Staates, was zu Krisen führte – wie etwa dem totalen Finanzzusammenbruch nach dem Tod von Samuel Oppenheimer 1703. Auch auf den Gebieten der Finanzierung und der Ankurbelung der frühen Industrialisierung hat der absolutistische Staat erhebliche Fortschritte erzielt – allerdings auf Kosten der Eigeninitiative der «Unternehmer» in Österreich. Dieser Zug zur staatlichen Lenkung und zum Kameralismus ist der österreichischen Industrie noch lange eigen gewesen.

Höfische Gesellschaft und Sozialdisziplinierung

Zwei andere Versuche der Historiographie, das Funktionieren des Systems des «Absolutismus» zu erklären, sind in der Überschrift dieses Abschnittes angesprochen. Norbert Elias hat seine – mittlerweile ebenfalls in Diskussion geratenen – Thesen zur höfischen Gesellschaft zwar am Beispiel des französischen Hofes erläutert, aber manches davon ist für die Habsburgermonarchie übertragbar. Der Adel vor allem der Erbländer und Böhmens – in einem viel geringeren Ausmaß der Ungarns – spielte in der Verwaltung bei Hof eine zentrale Rolle; die wichtigsten Hofämter wurden immer wieder von den Angehörigen der gleichen Geschlechter, die durch Verwandtschafts- und Patronatssysteme miteinander verbunden waren, besetzt. Einige hundert Familien sind es, die in den einschlägigen Listen vorkommen, im Kern sind es aber noch weitaus weniger Familien, die bis zum Ende der Monarchie als führende Geschlechter gelten können. Es sind Angehörige der erbländischen Familien Althan, Auersberg, Dietrichstein, Eggenberg, Harrach, Herberstein, Kaunitz, Khevenhüller, Lamberg, Liechtenstein, Schwarzenberg, Starhemberg, Trauttmannsdorf, Windischgrätz, des böhmischen Herrenstandes wie die Waldstein, Kinsky, Lobkowitz oder Czernin, oder ungarische Magnaten wie Batthyány, Erdödi, Esterházy, Nádasdy oder Pállffy, die hier zu nennen wären.

Diese Familien wurden im Laufe des 17. Jahrhunderts immer stärker an den Hof gezogen. War man als Adeliger im 16. Jahrhundert noch ohne Residenz in Wien ausgekommen, so mußte man im 17. Jahrhundert ein Palais in der Residenzstadt des Kaisers haben. Diese Konzentration des Adels in Wien entfremdete die Aristokraten von ihren Herrschaften und der lokalen Macht, die dem Landesfürsten und Kaiser gefährlich werden konnte, und disziplinierte sie auch im höfischen Dienst. Dieser – ebenfalls nicht unumstrittene – Begriff der Sozialdisziplinierung ist auf den Adel anwendbar. Durch das höfische Zeremoniell, durch die Chancenmonopolisierung, aber auch durch Phänomene wie militärischen Drill oder höfischen Tanz wurde dieser Adel völlig domestiziert. Die politischen Energien wurden in eine gegenseitige Konkurrenz (bei Palästen, in der Kleidung, in Festen und anderem Repräsentationsgehaben) umgelenkt, der Kaiser bestimmte den Rhythmus der adeligen Existenz. Er legte auch die Latte der Repräsentation so hoch, daß der Adel mit ihm nicht mehr konkurrieren konnte. Selbst Prinz Eugen, der sicherlich eine Sonderstellung in diesem Geflecht des Hofes einnahm, konnte mit seinen Bauten (Belvedere, die Marchfeldschlösser etc.), seiner Bibliothek und seiner Sammlung an die kaiserliche Kunstpflege nicht heranreichen.

Die Konzentration des Adels auf Wien verstärkte sich noch nach 1683. Einerseits hatte die Abwehr der Osmanen im Bewußtsein seiner Einwohner die Stadt Wien zu einer sicheren Stadt gemacht und die führende Rolle des Kaiserhauses verstärkt, andererseits gab es nun auch, ganz banal gesprochen, in den zerstörten Vorstädten genügend Baugründe, um endlich repräsentative Sommersitze mit prachtvollen Gärten ganz in der Nähe des Hofes zu bauen. So entstand eine Fülle von Palästen, von denen heute nur wenige erhalten sind, und eine ebenso große Zahl von barocken Gärten, von denen noch viel weniger auf uns gekommen sind. Einzig das obere und das untere Belvedere des Prinzen Eugen in Wien mit dem großartigen Garten dazwischen vermitteln noch ein wenig den Glanz dieser barocken Feudalkultur.

Die Sozialdisziplinierung als Machtinstrument von Staat und Kirche beschränkte sich allerdings nicht auf den Adel, sondern erfaßte auch die Untertanen in zunehmender Weise. Besonders gut konnte man Naturkatastrophen (wie etwa die Pestepidemien von 1679 und 1713) und Kriege dazu nützen, die Bevölkerung zu disziplinieren, indem man diese Ereignisse als «Strafe Gottes für die Sünden der Christenheit» interpretierte und damit für Disziplinierungsmaßnahmen instrumentalisierte. Auch die Vollendung der Intentionen der Sozialdisziplinierung ist erst im aufgeklärten Absolutismus zu sehen, der einen Untertanenstaat schuf, dessen mentale Prägungen bis in die Gegenwart nachwirken.

Höfische und kirchliche Kultur des Barock

Das späte 17. und das 18. Jahrhundert sind durch das Repräsentationsstreben von Hof, Adel und Kirche bestimmt, das vor allem auf dem Gebiet der Architektur und der Kunst heute noch – nicht zuletzt als Wirtschaftsfaktor – in Gestalt des kulturellen Erbes Österreichs Wirkungsmacht entfaltet.

Der Hof baute im Laufe des 17. Jahrhunderts, als sich die Residenz – nach dem Prager Intermezzo Rudolfs II. – nach Wien verlagert hatte, diese Stadt besonders aus. Dabei ist allerdings der Ausbau der Residenz selbst vergleichsweise bescheiden geblieben, die Hofburg innerhalb der Stadtmauern wurde zwar unter Leopold I. und Karl VI. durch mehrere Trakte erweitert, aber es kam zu keinem großzügigen Neubau. Neben der Hofburg residierten die Habsburger im jahreszeitlichen Wechsel auch in anderen Schlössern (heute in, damals nahe Wiens): in der Alten und Neuen Favorita (heute Augarten und Theresianum), in Ebersdorf, in Laxenburg und besonders im 18. Jahrhundert in Schönbrunn. Nur dieses Schloß wurde in Anlehnung an das große Vorbild europäischer Palastarchitektur, Versailles, konzipiert, doch erfolgte sein Ausbau, vor allem auch mit dem bekannten Tiergarten und den anderen Gartenanlagen, vorwiegend erst in der Zeit Maria Theresias (und ihres Mannes Franz Stephan, als Kaiser Franz I., der starke naturwissenschaftliche Interessen hatte).

Von der regen Bautätigkeit des Adels in der Residenzstadt war schon die Rede, wobei die meisten Familien sowohl ein Stadtpalais als auch ein Gartenpalais unterhielten. Darüber hinaus ließen aber die aristokratischen Familien auch ihre Herrschaftssitze auf dem Lande ausbauen, und in Österreich (und in einem noch stärkeren Ausmaß in Böhmen und Mähren) begegnen wir auf Schritt und Tritt diesen Zeugnissen adeliger Bautätigkeit.

Die Baumeister, Freskanten, Stukkateure und Plastiker dieser barocken Bauten waren in der ersten Generation des Barock sehr häufig Italiener, später setzten sich immer mehr einheimische Meister, die aber auch alle Beziehungen zu Italien hatten, in Szene. Namen wie Lukas von Hildebrand, Johann Bernhard Fischer von Erlach oder Jakob Prandtauer sind aus der österreichischen Kulturgeschichte nicht wegzudenken.

Das Aufgabengebiet dieser Künstler lag aber nicht nur im Bereich des Hofes und des Adels, auch die in der Gegenreformation siegreiche Kirche trat in starkem Maße als Auftraggeber in Erscheinung. Mit der Durchsetzung der Gegenreformation waren immer mehr Orden in Österreich angesiedelt worden, viele davon – häufig auch deren Mitglieder – kamen aus dem romanischen Süden (Spanien, Italien). Zusammen mit der intensiven Beziehung des Hofes zu Spanien und zu Italien (nicht zuletzt durch die Heiratspolitik) war der Einfluß der romanischen Kultur groß – die größte Minderheit in Wien in dieser Zeit z. B. waren die Italiener. Schon am Beginn des 17. Jahrhunderts – nicht zuletzt durch das Wirken Melchior Khlesls – kam es zu einem ersten Klosterbau-Boom in Wien, der sich dann besonders ab dem späten 17. Jahrhundert in ganz Österreich auswirkte. Kaum eine Kirche der Zeit, die nicht barocke Ausstattungsstücke (z. B. Altäre) erhielt, viele wurden barockisiert, manche abgerissen und in barocker Form neu gebaut. Bedeutende Klosterbauten entstanden vor allem entlang der Donau, eindrucksvolle Beispiele sind St. Florian, Melk, Göttweig oder Klosterneuburg, die auch in enger Beziehung zum Kaiserhof standen; aber auch in den anderen Ländern des heutigen Österreich wurden ähnliche Bauwerke geschaffen. Besonders hervorzuheben ist das nicht von den Habsburgern regierte Salzburg, das unter den Erzbischöfen von Salzburg zu einem Zentrum der Barockkunst – mit weltlichen Palästen wie Hellbrunn, Mirabell und anderen mehr als auch mit kirchlichen Meisterwerken (z. B. Dom in Salzburg Stadt) – ausgebaut wurde.

Barocke Frömmigkeit

Ein weiterer Bereich, in dem die enge Verflechtung von Kirche und Staat, von gegenreformatorischem Katholizismus und habsburgischer Herrschaft deutlich wird, ist die barocke Frömmigkeit, deren Spuren auch heute noch auf Schritt und Tritt in Österreich zu sehen sind.

Die Habsburger hatten eine spezifische Frömmigkeit, die *pietas Austriaca*, entwickelt, die in den Rahmen der barocken Andachts- und Verehrungsformen gut einbindet. Die Eucharistieverehrung, die sich besonders in der feierlichen Ausgestaltung und der Teilnahme der Fronleichnamsprozession festmachen läßt, die Kreuzesverehrung und besonders auch die Marienverehrung waren der Kern dieser habsburgischen Frömmigkeit. Vieles von dieser spezifischen Frömmigkeitspflege ist auch in die Volksfrömmigkeit eingedrungen und prägte langfristig die «katholische» Mentalität in diesem Lande.

Wallfahrten, Heiligen- und Reliquienverehrung, Prozessionen und Bruderschaften bestimmten die Welt der Katholiken der Barockzeit. Die Zeugnisse der Barockfrömmigkeit: Bildsäulen, Kapellen, Bilder und Statuen in- und außerhalb von Kirchen zeugen noch immer von einer Welt, die im Zeitalter des aufgeklärten Absolutismus (weitgehend vergeblich) bekämpft wurde. Hunderte Wallfahrtsorte, meist marianische Bilderwallfahrtsorte entstanden, die oft nur lokale Bedeutung hatten; aber einige davon, allen voran das schon im Mittelalter populäre Mariazell in der Steiermark, hatten eine Bedeutung für die gesamte Monarchie.

Die katholische Kirche und die spezifische barocke Frömmigkeit waren eine Klammer des Reiches und in vielfältiger Weise mit der Beherrschung der höfischen Gesellschaft und der Sozialdisziplinierung verwoben. Alles zusammen erst prägte jene Welt des 17. und 18. Jahrhunderts, die man als barocken konfessionellen Absolutismus bezeichnen kann und die ein Spezifikum der österreichischen Entwicklung darstellt.

Der Weg in die Moderne

Die erste Hälfte des 18. Jahrhunderts war in der Habsburgermonarchie noch weitgehend vom barocken Lebensstil und dem politischen System des konfessionellen Absolutismus geprägt. Die Regierungszeit Josefs I. (1705–1711), der vom Gedankengut der frühen Aufklärung beeinflußt war, erwies sich als zu kurz, um Änderungen herbeizuführen, auch einzelne aufgeklärte Adelige, allen voran Prinz Eugen oder Franz Anton Graf Sporck in Böhmen, prägten der Zeit nicht ihren Stempel auf. Erst nach 1740 wandelten sich Politik, Wirtschaft und Geistesleben, und die Anfänge dessen, was man als Weg in die Moderne bezeichnen kann, machten sich zaghaft bemerkbar.

Das «Jahrhundert der Aufklärung»

Das Jahrhundert der Aufklärung, wie es oft in der Literatur über Österreich genannt wurde, reduziert sich bei näherem Hinsehen also auf einige wenige Jahrzehnte, und wenn man es ganz streng nimmt, auf einige wenige Jahre. Traditionsgemäß wird die Regierungszeit Maria Theresias (1740–1780) und ihrer beiden Söhne Joseph II. (ab 1765 Mitregent, 1780–1790) und Leopold II. (1790–1792) als die Zeit des aufgeklärten Absolutismus in der Habsburgermonarchie bezeichnet, wobei man darüber streiten kann, wieweit dieses «Etikett» auf Maria Theresia und ihren Regierungsstil zutrifft.

Maria Theresia war in den habsburgischen Ländern, die ja die Pragmatische Sanktion Karls VI. akzeptiert hatten, zunächst ohne Schwierigkeiten im Innern ihrem Vater nachgefolgt, doch bald ergaben sich Forderungen von Staaten, die diesem Vertrag ebenfalls zugestimmt hatten. Bayern und Sachsen, deren Herrscher mit Töchtern Josefs I. verheiratet waren, versuchten ihre Ansprüche durchzusetzen, doch der eigentliche Auslöser des Konfliktes wurde Preußen. Dieser Staat, der im Laufe des späten 17. und beginnenden 18. Jahrhunderts zu großer Bedeutung im Norden des Reiches aufgestiegen war, wurde von dem jungen und ehrgeizigen Friedrich II., dem Großen, regiert. Dieser bot Maria Theresia Unterstützung gegen eine Abtretung des weitgehend deutschsprachigen, protestantischen Schlesien an, auf das alte Forderungen bestanden. Maria Theresia mußte aus Gründen der Staatsraison ablehnen, und daraufhin fiel Friedrich in Schlesien ein und besetzte einen Großteil des Landes, nur ein kleiner Teil verblieb später als «österreichisch Schlesien» bei der Habsburgermonarchie (heute Teil der tschechischen Republik, während der ehemals preußische Teil heute polnisch ist).

Dieser Erste Schlesische Krieg war auch der Auslöser für den Österreichischen Erbfolgekrieg, der sich bis 1748 hinzog. Als Österreich kurzzeitig gegen Frankreich und seine Verbündeten (Bayern, Sachsen etc.) erfolgreich war, schaltete sich Friedrich II., der sich nach dem Gewinn Schlesiens zurückgezogen hatte, im Zweiten Schlesischen Krieg nochmals kurz ein und besiegelte damit den Verbleib dieses Territoriums bei Preußen. Letztlich blieben die Verluste der Monarchie im Frieden von Aachen 1748 gering, kleinere Gebiete in Italien gingen verloren, jedoch die erneut bestätigte Abtretung Schlesiens, das eine sehr reiche und entwickelte Provinz war, schmerzte.

Maria Theresia versuchte daher noch einmal, Schlesien wiederzugewinnen. Auf der Grundlage des *renversement des alliances* begannen Frankreich und Österreich 1756 einen Krieg gegen Preußen und England, der als Siebenjähriger Krieg (manchmal auch als Dritter Schlesischer Krieg) bezeichnet wird. Die wirklichen Entscheidungen in diesem Ringen waren kolonialer Natur; England konnte hier große Erfolge erzielen. Schlesien blieb für Maria Theresia verloren, der Kampf endete im Frieden von Hubertusburg 1763 mit der Bestätigung des Status quo.

Zwar gelang es Maria Theresia in der ersten polnischen Teilung 1772, die sie moralisch ablehnte, aber realpolitisch mitvollzog (Friedrich II.: «Sie weinte, doch sie nahm»), Galizien und Lodomerien zu gewinnen, und wenig später (1775) wurde auch die Bukowina erworben, doch konnten diese wenig entwickelten Territorien den aufgetretenen Steuerausfall durch den Verlust Schlesiens keineswegs kompensieren. Als 1777 die in Bayern regierende Linie des Hauses Wittelsbach erlosch, kam es nochmals zu einem Erbfolgekrieg, an dem die Habsburger beteiligt waren. Joseph II. war gewillt, Bayern zu erwerben, er erwog auch den Tausch der österreichischen Niederlande (heute Belgien), das man 1714 nach dem Spanischen Erbfolgekrieg erworben hatte, gegen Bayern. Der Krieg, der als «Zwetschkenrummel» oder «Kartoffelkrieg» verspottet wurde, begann nie richtig, denn zuvor hatte Maria Theresia hinter dem Rücken ihres Sohnes den Frieden von Teschen/Těšin/Cieszyn geschlossen, in dem sie auf Bayern verzichtete, aber dafür das Innviertel gewann, das heute noch einen Teil Oberösterreichs bildet.

Die Bedeutung der Epoche des aufgeklärten Absolutismus liegt allerdings weniger in diesen territorialen Veränderungen, sondern vor allem in den inneren Maßnahmen, die das Bild der Monarchie deutlich veränderten.

Reformen, Reformen, Reformen

Unmittelbar nach Abschluß – und zu einem kleinen Teil schon während – des österreichischen Erbfolgekrieges kam es zu einer Offensive an staatlichen Reformmaßnahmen, die das Gefüge der Monarchie wesentlich veränderten. Die meisten Reformen unter Maria Theresia hatten praktische Bedeutung, so wurden z. B. das Heer und die Artillerie reformiert, weil im Konflikt mit Preußen die Defizite der eigenen Armee schmerzlich spürbar waren. Zu den führenden Gestalten der großen Staatsreformen gehörten zuerst Friedrich Wilhelm von Haugwitz und dann Wenzel Anton von Kaunitz.

Bei den Reformen Maria Theresias lassen sich verschiedene Intentionen deutlich ausmachen. Ein Angelpunkt der Reformen war eine Veränderung im System der Besteuerung, die nicht zuletzt daraus resultierte, daß man merkte, daß in Schlesien unter preußischer Herrschaft höhere Steuereinnahmen erzielt wurden als zuvor. So probierte man ein neues System zuerst in Restschlesien aus und führte es dann sukzessive in den Kernländern der Monarchie ein. Die Steuererhebung entzog man den Ständen, die damit weiter entmachtet wurden; Adel und Klerus mußten jetzt auch für ihre selbstbewirtschafteten Güter (Dominikalland) Steuern zahlen; ein Kataster wurde angelegt, der die Gründe und ihre Nutzung erfassen sollte. Die weitere Folge war eine Staatsreform, die auf Zentralisierung der Macht abzielte; das *Directorium in publicis et cameralibus* (1749) unter Haugwitz und später der «Staatsrat» (ab 1760) unter Kaunitz stellten zentrale Verwaltungsinstanzen dar, der ähnliche Behörden in den Ländern untergeordnet waren. Auf der untersten Ebene schuf Maria Theresia die Kreisämter, die viele Funktionen hatten, u. a. auch diese, als Appellationsgericht für die bäuerlichen Untertanen gegen ihre Grundherren zu dienen. Diese Maßnahme zugunsten der Bauern wurde von verschiedenen anderen (z. B. die Hand- und Spanndienste betreffend) begleitet.

Dieser Zentralismus verlangte auch nach einer einheitlichen Rechtsgrundlage, die mit einer Sammlung des bestehenden Rechtes begann. Die *Constitutio Criminalis Maria Theresiana* von 1769 zeigt noch keine Einflüsse der Aufklärung, wie die Folter als Mittel der Wahrheitsfindung und Delikte wie Hexerei und verschiedene Religionsdelikte deutlich erkennen lassen. Die Abschaffung der Folter unter Maria Theresia kam erst später (1779) und vorwiegend unter dem Einfluß ihres Sohnes Joseph II. und des Aufklärers Josef von Sonnenfels zustande.

Ein Kernstück der Reformen Maria Theresias war sicherlich die Bildungsreform, die unter dem niederländischen Leibarzt Gerard van Swieten die Universität reformierte und die Grundlage für die Blüte der Medizin in der ersten Wiener medizinischen Schule schuf. Für spezielle Erfordernisse des Staates (Diplomatie, Militär, Bergbau etc.) wurden spezielle Ausbildungsstätten (vergleichbar heutigen Fachhochschulen) eingerichtet. Den entscheidenden Schritt stellten allerdings die Schaffung eines weltlichen niederen Schulwesens und die Einführung der Unterrichtspflicht in der Monarchie dar. Zur Organisation des Grundschulwesens (Trivial-, Haupt- und Normalschulen) holte Maria Theresia aus Preußen den aufgeklärten Augustiner-Chorherren Johann Ignaz Felbiger. Wie wenig sich diese allgemeine Bildung durchgesetzt hat, zeigen die Analphabetenraten in den Statistiken des 19. Jahrhunderts, die einerseits ein deutliches West-Ost-Gefälle zeigen und andererseits eine geschlechtsspezifische Ausdifferenzierung mit höheren Analphabetenraten bei den Frauen.

Weitaus radikaler und deutlicher an den Ideen der Aufklärung orientiert waren die Reformen Josephs II. In vielen Bereichen setzte er die Tätigkeit seiner Mutter fort, machte sie handhabbarer und verschärfte manche ihrere Bestimmungen. Spezifischer allerdings sind jene Maßnahmen, die man im engeren Sinn zusammenfassend als *Josephinismus* bezeichnet. Im Sinne des Gedankenguts der Aufklärung geprägt, aber auch von praktischen, utilitaristischen Gesichtspunkten mitbestimmt, war die Toleranzgesetzgebung Josephs II. In den Toleranzpatenten der Jahre 1781 und 1782 wurden nicht nur die Protestanten (Lutheraner und Calvinisten), sondern auch die Griechisch-Orthodoxen und die Juden in den Teilen der Monarchie, wo das nicht schon ohnehin der Fall war (z. B. Ungarn) toleriert. Sowohl die protestantischen Investoren und Facharbeiter als auch die griechischen Händler und jüdischen Geldgeber waren – um es sehr vereinfacht auszudrücken – aus praktischen Gründen dem Staat nützlich. Der Staat erlebte also eine «Modernisierung durch Toleranz» (Winfried Eberhard).

Entscheidend waren ferner Josephs Eingriffe in die inneren Angelegenheiten der katholischen Kirche, die großen Widerstand hervorriefen und sogar Papst Pius VI. 1782 nach Wien zu reisen veranlaßten. Joseph, der ein nüchterner Mensch war und alle Zeremonien haßte, drängte den barocken Prunk der Kirche zurück, reglementierte die Feiertage, bestimmte sogar die Zahl der Kerzen, schränkte den Luxus bei Begräbnissen ein; er verbot zudem mehrtägige Wallfahrten, löste die Bruderschaften auf und ging gegen den Reliquienkult vor.

Tief griff er in die Strukturen der Kirche in Österreich ein. Das Bistum Passau, das die Länder Ober- und Niederösterreich zu seinem Diözesangebiet zählte, wurde ausgeschaltet, eine neue Diözesanregulierung 1785 geschaffen. Das neue Bistum Linz verwaltete Oberösterreich, St. Pölten war für den westlichen und das erweiterte Erzbistum Wien für den östlichen Teil Niederösterreichs zuständig. Grundsätzlich versuchte man die Grenzen der Diözesen mit den Grenzen der Kronländer in Übereinstimung zu bringen.

Auch auf der unteren Ebene der kirchlichen Organisation kam es zu einer bemerkenswerten Umschichtung. Auf der einen Seite hob Joseph alle Klöster auf, die weder in der Seelsorge, der Krankenpflege noch dem Schulwesen eine Funktion hatten, sondern vorwiegend kontemplativ waren, und zog deren Vermögen ein, das den Religionsfond bildete – etwa 700 Klöster waren von diesen Maßnahmen des «Klostersturms» betroffen. Auf der anderen Seite verdichtete sich das Pfarrnetz in Österreich durch eine Reihe von josephinischen Pfarrgründungen; diese Pfarren waren nicht nur Stationen der Seelsorge, sondern übernahmen auch staatliche Funktionen. Die Priester, «Beamte im schwarzen Rock», die in zentralen, staatlichen Generalseminarien ausgebildet wurden, führten die Tauf-, Heirats- und Sterbematrikeln, mußten Patente des Kaisers von der Kanzel verlesen oder bestimmte Predigten (Kartoffel- oder Safrananbau, Pockenimpfung etc.) halten. Der Kontakt der Bischöfe und der Ordensoberen zu Rom wurde eingeschränkt; für die Verlautbarung päpstlicher Verfügungen war ein *placetum regium*, also die Zustimmung der weltlichen Macht, notwendig.

Schon die Meinungen der Zeitgenossen, aber auch die späterer Historikergenerationen waren gespalten angesichts dieser Reformen Josephs II.; die Katholiken verteufelten den Kaiser, und die Liberalen und Linken verehrten ihn wie einen Helden. Auch die Deutschnationalen entwickelten später große Sympathien für «Joseph den Deutschen», weil man seinen pragmatischen Vorschlag, in Ungarn statt des bisher gebrauchten Latein,

Deutsch (und nicht das Magyarische) als Amtssprache einzuführen, als Akt des nationalen Bekenntnisses interpretierte. Auch die Aufhebung der Leibeigenschaft brachte Joseph II. unter Zeitgenossen und späteren Biographen große Sympathien; viele Denkmäler des 19. Jahrhunderts erinnern an ihn entweder als «Joseph den Toleranten» oder «Joseph den Bauernbefreier».

Viele seiner Reformen waren überhastet eingeführt worden, manches schoß wohl auch über das Ziel hinaus. Die Bevölkerung wurde jedenfalls niemals einbezogen – Josephs Grundsatz war «Alles für das Volk, nichts durch das Volk» – und hatte wenig Verständnis für viele der Maßnahmen. So regte sich lokaler Widerstand, der vor allem in Ungarn und den österreichischen Niederlanden die Dimension eines Aufstandes und Abfalls von der habsburgischen Herrschaft anzunehmen drohte. Durch den Tod Josephs und die Übernahme der Regierung durch seinen jüngeren Bruder Leopold II., der als Pietro Leopoldo lange in der Toskana geherrscht hatte und ebenfalls viele Reformen durchführte, entschärfte sich die Lage bald. Leopold brach in seiner kurzen Regierungszeit manchen der Maßnahmen Josephs die Spitze, erhielt aber den Kern der Reformen des aufgeklärten Absolutismus, der – trotz mancher konservativer Veränderungen unter Franz II./I. – letztlich langfristig wirksam blieb.

Industrialisierung

Verglichen mit dem Westen Europas setzte die Industrialisierung in der Habsburgermonarchie spät ein und erreichte auch niemals das Niveau der westeuropäischen Staaten. Einer der wichtigsten Gründe für diese schwache Entwicklung war die Lage der Habsburgermonarchie, die praktisch ein Binnenstaat war. Zwar besaß man zwei Häfen an der Adria: Triest/Trieste und Rijeka/Fiume, aber deren Lage und die Konkurrenz Venedigs machten sie zu wenig attraktiven Zielen des großen Welthandels. Karl VI. versuchte durch Freihafenprivilegien 1719 deren Situation zu verbessern, aber im Vergleich mit den Zentren des transatlantischen Handels in Westeuropa war die wirtschaftliche Bedeutung dieser Häfen schwach. Da die Habsburgermonarchie sich in den großen internationalen Handel nicht einschalten konnte – auch der Versuch in den österreichischen Niederlanden mit der Oostendischen Kompanie England und Frankreich Konkurrenz zu machen, scheiterte – blieb die Kapitalkonzentration im Lande schwach. Einzig die Juden der Monarchie verfügten über flüssiges Kapital, das auch in der Industrialisierung eingesetzt werden konnte. Dennoch war seit dem späten 17. Jahrhundert im Sinne des Merkantilismus eine Protoindustrialisierung entstanden, die teils vom Staat, teils von den Adeligen auf ihren Gütern (meist in Böhmen), auf denen sie Glas- und Porzellanmanufakturen errichteten, getragen war.

Die eigentliche Industrialisierung im Sinne des Einsatzes von Maschinen (allen voran der Dampfmaschine) begann erst im 19. Jahrhundert und verlief in verschiedenen Phasen. Die erste Phase am Beginn des Jahrhunderts war durch den Ausbau der Textilindustrie, aber auch von Fabriken, die agrarische Produkte verarbeiteten, wie Bierbrauereien und Zuckerfabriken, die nicht mehr Melasse aus Zuckerrohr, sondern schon Zuckerrüben verarbeiteten, charakterisiert. Kaiser Franz II./I. verhielt sich zurückhaltend, vor allem was die Gründung von Fabriken in Wien anbelangte, denn die Angst vor den proletarischen Massen, dem «Pöbel», saß ihm in Erinnerung an die Französische Revolution, in der seine Tante Marie Antoinette auf der Guillotine endete, noch tief in den Gliedern. So waren die Erfolge der Industrialisierung bis 1848 zwar bescheiden, dennoch entstanden in den Vorstädten Wiens Fabriken, deren Arbeiter in der Revolution eine nicht unbedeutende Rolle spielen sollten.

Die eigentliche Phase der Industrialisierung der Habsburgermonarchie setzte allerdings erst nach 1848 ein. Einige Phänomene sind dabei besonders hervorzuheben: Die einzige Errungenschaft der Revolution, die in der Zeit nach ihrer Niederwerfung umgesetzt wurde, war die Bauernbefreiung. Die Grundherrschaft wurde aufgehoben, doch die Bauern wurden nicht entschädigungslos befreit. Der Wert ihrer Höfe wurde geschätzt, ein Drittel des Wertes bezahlte der Staat an die Grundherren, auf ein Drittel mußten diese verzichten, doch das letzte Drittel mußten die Bauern selbst aufbringen. Das führte einerseits dazu, daß es zu einer Konzentration von flüssigem Kapital in den Händen der Grundherren kam, das einige von ihnen in Banken und Industrieunternehmen investierten. Andererseits konnten viele Bauern die Ablösesummen nicht aufbringen, gingen in die Stadt und vermehrten die Zahl der billigen Arbeitskräfte. Beides zusammen gab einen kräftigen Impuls für die Industrialisierung. Aber auch andere Phänomene spielten eine Rolle wie etwa das große Bevölkerungswachstum, das schon im 18. Jahrhundert nach der «agrarischen Revolution» (verbesserte Dreifelderwirtschaft, Stallfütterung und bessere Düngungsmöglichkeiten durch den anfallenden Mist, Anbau neuer Produkte wie etwa der Kartoffel etc.) einsetzte, aber ebenfalls um die Mitte des 19. Jahrhunderts an Dynamik gewann. Damit vermehrte sich die Zahl der Arbeitskräfte ebenso wie die Zahl der Konsumenten. Dynamisierend wirkte sich auch der Eisenbahnbau aus, der einen Multiplikationseffekt hatte. Einerseits war eine breite Produktion von Gütern für den Bahnbau nötig und andererseits verband die Eisenbahn Fundstätten verschiedener Rohstoffe miteinander. Besonders hervorzuheben ist dabei jene Eisenbahnlinie, die Kohlenvorkommen in Böhmen, das Eisenerz in der Steiermark und den Hafen Triest miteinander verband. Ein letzter Faktor, der ferner erwähnt werden muß, ist der Beschluß Kaiser Franz Josephs, 1857 die Befestigung Wiens zu schleifen und die Ringstraße anzulegen. Auch dieses Großprojekt kurbelte die Wirtschaft des Staates erheblich an.

Diese späte und immer noch im Vergleich mit Westeuropa rückständige Industrialisierung führte dazu, daß sich das Wirtschaftsbürgertum, die Hochbourgeoisie, in der Habsburgermonarchie relativ schwach entwickelte und niemals dieselbe Rolle spielen konnte wie etwa in England, Frankreich oder in Deutschland. Die Industrialisierung verteilte sich auch nicht gleichmäßig auf das Gebiet des Staates: Der Norden Böhmens war besonders stark industrialisiert, auch im Mur- und Mürztal, rund um Wien und in Vorarlberg war die Quote der Fabriken hoch, während andere Teile der Monarchie – vor allem Ungarn – weitgehend agrarisch strukturiert blieben.

Die Entstehung des Bürgertums

Das klassische Wirtschaftsbürgertum spielte also in der Habsburgermonarchie eine untergeordnete Rolle; der Aufstieg eines «modernen Bürgertums» – es gab ja in den Städten auch noch lange das alte, handwerklich strukturierte Bürgertum – erfolgte eher durch Bildung und Staatsdienst. Der typische «Bürger» der Habsburgermonarchie war Staatsbeamter oder Offizier, wobei man in beiden Fällen darüber diskutieren kann, wieweit es sich dabei um eine «echte» Bourgeoisie handelte.

Zeitlich ist diese Entwicklung schon im 18. Jahrhundert anzusetzen, als sich mit der wachsenden Bürokratie, aber auch mit der Entstehung einer Intellektuellenschicht erste Elemente einer modernen Bourgeoisie wahrnehmen lassen. Diese Gruppe entwickelte sich durch Erziehung und Geschmack zu einem soziokulturell zu definierenden Bürgertum, das allerdings den Lebensstil des Adels stets zum Vorbild hatte. Die Aufnahme in den Adel war für die Vertreter des Bürgertums der Habsburgermonarchie immer das Traumziel, jeder wollte ein «Edler von», ein Ritter oder Baron werden – ein Bedürfnis, dem man von seiten der Habsburger umfassend entgegenkam; viele Familien dieser zweiten Gesellschaft wurden geadelt, im 19. Jahrhundert waren es fast 9000, eine Zahl, die weit über dem Schnitt anderer europäischer Staaten lag.

Dieses Bürgertum, das so wenig Selbstbewußtsein hatte, spielte auch politisch eine untergeordnete Rolle, war niemals stark genug, um sich gegen die nach wie vor bestimmende Stellung des Adels zur Wehr zu setzen. Viele der Spitzenfunktionen in Staat und Gesellschaft blieben auch im «langen 19. Jahrhundert» bis zum Ende der Monarchie dem Adel vorbehalten, wenn sich auch ein Trend zu einer stärkeren bürgerlichen Ausrichtung der Eliten (z. B. bei den hohen militärischen Rängen) bemerkbar machte.

Viele in dieser bürgerlichen Elite – sowohl als Wirtschaftsbürger als auch als Bildungsbürger – waren Teil der jüdischen Bevölkerung der Habsburgermonarchie. Seit dem 18. Jahrhundert begann die Integration und das hieß über weite Strecken auch die Assimilation der Juden in die bürgerliche Gesellschaft. Wirtschaftlich hatten sie einen – gemessen an ihrem Bevölkerungsanteil – sehr hohen Einfluß, auch im intellektuellen Bereich (Journalismus, Kunst besonders des Fin-de-siècle) spielten sie eine hervorragende Rolle und wurden damit zu einem Angriffsziel eines im Laufe des 19. Jahrhunderts immer vehementer werdenden Antisemitismus, der das politische Klima der Habsburgermonarchie vergiftete.

In einem Bereich hatte das Bürgertum allerdings seit dem späten 18. Jahrhundert eindeutig die Führungsrolle übernommen, und zwar in jenem der Kultur. Als Auftraggeber und Mäzene des kulturellen Lebens waren der Hof und die Hocharistokratie, natürlich auch die Kirche, lange Zeit führend gewesen, nun traten bürgerliche Institutionen zunehmend an deren Stelle. Am deutlichsten ist das auf jenem Gebiet zu sehen, in dem Österreich in dieser Zeit führend war – dem der Musik. Waren die Musiker des 17. und beginnenden 18. Jahrhunderts noch fast alle bei Hofe beschäftigt – man denke nur an die Blütezeit der Hofoper unter Leopold I. und seinen Söhnen –, so standen die Meister der «Wiener Klassik» in einem anderen Beziehungsgeflecht. Während der älteste unter ihnen, Joseph Haydn, noch als Musiker am Hofe eines reichen ungarischen Magnaten, der Familie Esterházy, wirkte, spielte für Wolfgang Amadé Mozart neben dem Salzburger und Wiener Hof auch das bürgerliche Publikum bereits eine wichtige Rolle, und Ludwig van Beethoven wurde zwar von adeligen (und bürgerlichen) Mäzenen unterstützt, trat aber bereits in die bürgerliche Welt der musikalischen Organisationen ein. Die Gesellschaft der Musikfreunde in Wien wurde zum wichtigsten Konzertveranstalter des 19. Jahrhunderts und brach damit die Dominanz des Hofes und der großen Adelshäuser auf dem Gebiet der Musik. Ähnliche Entwicklungen ließen sich auch auf anderen Gebieten aufzeigen.

Kräfte der Beharrung

Das «lange 19. Jahrhundert» in der Habsburgermonarchie, also die Zeit vom Vormärz bis zum Ende des Ersten Weltkriegs, ist vielfach Gegenstand der Forschung und Analyse geworden. Liest man viele der betreffenden Bücher und Artikel, die sich mit nationalen und sozialen Konflikten, mit wirtschaftlichen Schwierigkeiten und dem Ringen um politische Beteiligung beschäftigen, so drängt sich die Frage auf, wie diese Monarchie so lange bestehen konnte. Es zeigt sich, daß man sich öfter und intensiver mit den existenzgefährdenden Problemen der Monarchie als mit jenen Faktoren beschäftigte, die das System stabilisierten und dem Erhalt des Vielvölkerstaates dienten.

Kampf gegen das revolutionäre und napoleonische Frankreich

1789, das Jahr der Französischen Revolution, gilt als eine der unbestrittenen Epochengrenzen der europäischen Geschichte. Wenn auch die unmittelbare Auswirkung auf die Habsburgermonarchie zunächst gering schien, so ist eine konservative Wende nach den Reformen des aufgeklärten Absolutismus doch unverkennbar. Die Sympathisanten der Revolution, die Jakobiner, waren eine marginale Gruppe, die im Zuge der Verfolgung der «Jakobinerverschwörung» durch Franz II./I. völlig verschwand. Dabei wurde der erste Vertreter republikanischen Gedankengutes in Österreich, Franz Hebenstreit, hingerichtet – doch seine Figur gewann kaum Symbolkraft und ist heute den wenigsten Österreicherinnen und Österreichern bekannt.

Folgenreich waren die Ereignisse in Paris allerdings für die Außenpolitik der Monarchie, denn schon 1792 begann eine militärische Auseinandersetzung mit Frankreich, in der Österreich in verschiedenen Koalitionen – daher der Name *Koalitions-*

kriege – gegen das revolutionäre und später napoleonische Frankreich kämpfte. Schon ganz am Beginn dieser Kriege gingen die österreichischen Niederlande, die ja unmittelbar an Frankreich angrenzten, verloren. Der weitere Verlauf dieses ersten Koalitionskrieges spielte sich vorrangig in Italien ab, und die Endphase des Krieges stand schon ganz im Zeichen Napoleons. Im Frieden von Campo Formio 1797 trat das Reich Gebiete links des Rheins ab, die Habsburgermonarchie verlor die Lombardei in Oberitalien, wurde dafür aber mit den venezianischen Territorien (Venedig und die *terra ferma*, etwa die heutige Provinz Venetien, aber auch Istrien und Dalmatien) entschädigt.

Eine wichtige Folge für das Reich und die Habsburgermonarchie war, daß man danach strebte, jene Fürsten, die ihr Territorium links des Rheins, aber auch in Italien verloren hatten, innerhalb des Reiches zu entschädigen. Auch im zweiten Koalitionskrieg waren die Habsburger nicht sehr erfolgreich, und 1801 wurde in Lunéville der Friede von Campo Formio bestätigt. Der für die Entschädigungsfragen zuständige Reichsdeputationshauptschluß von 1803 führte vor allem zu einer Säkularisierung geistlicher Territorien, von der auch die Habsburgermonarchie profitierte; sie gewann – auf Umwegen, aber letztendlich dann 1815 – die Gebiete von Brixen/Bressanone und Trient/Trento sowie das Erzbistum Salzburg.

Eine weitere langfristige Folge des Kampfes gegen Napoleon knüpfte an dessen Rangerhöhung zum Kaiser der Franzosen an. Franz II. nahm als Reaktion darauf 1804 den Titel «Kaiser von Österreich» an, der ein erblicher Kaisertitel war. Als Symbol dieser neuen Würde, die zunächst alle Territorien umfaßte, die Franz I. (als Kaiser von Österreich gezählt) beherrschte, wurde die Hauskrone Rudolfs II. gewählt, die zwar nie bei einer Krönung verwendet wurde, aber symbolisch für dieses neue Staatsgebilde stand. 1806 legte Franz II./I. durch die Napoleon begünstigende Gründung des Rheinbunds die Krone des Heiligen Römischen Reiches nieder und löste das Reich auf. Damit endete eine Tradition, die etwa tausend Jahre die Geschichte Zentraleuropas wesentlich geprägt hatte. Die neue Situation ließ eine Frage offen, die noch lange von politischer Brisanz blieb: Wie verhielt sich die Habsburgermonarchie und speziell ihre deutschsprachigen Teile zu Deutschland. Die «deutsche Frage» war – ebenso wie die «italienische Frage» – zentral für die Politik der Habsburger im 19. Jahrhundert.

Die Kriege gegen Frankreich gingen weiter; nach den schweren Niederlagen im dritten Koalitionskrieg 1805/06, in dem Napoleon Wien eroberte, kam es im Frieden von Preßburg/Bratislava zu erneuten Gebietsabtretungen (Venetien, Istrien, Dalmatien an Frankreich, Brixen, Trient, Tirol und Vorderösterreich an Bayern und Baden). Ähnlich erfolglos wurde auch der fünfte Koalitionskrieg geführt; auch 1809 besetzte der Korse neuerlich Wien und konnte – trotz eines psychologisch wichtigen Sieges der Österreicher bei Aspern, wo Erzherzog Karl den als unbesiegbar Geltenden bezwang – den Krieg mit dem Frieden von Schönbrunn siegreich beenden. Parallel dazu ist der Versuch eines Aufstandes in Tirol gegen die bayerisch-französische Besatzung zu sehen, den Andreas Hofer anführte. Trotz anfänglicher Erfolge brach dieser Widerstand schließlich zusammen, und Andreas Hofer wurde 1810 in Mantua hingerichtet; er wurde als nationaler Held und später als Kämpfer für die Freiheit hochstilisiert, wobei häufig seine konservative Grundhaltung ausgeblendet wurde.

Ein Preis der Habsburgermonarchie für die Niederlage war die Heirat des «Emporkömmlings» Napoleon mit Marie Louise, die ihm 1811 einen Sohn, den «König von Rom» gebar, der später Herzog von Reichstadt genannt wurde; er starb allerdings schon 1832. Durch diese verwandtschaftlichen Beziehungen und die politische Situation gehemmt, trat Österreich erst sehr spät in die Koalition gegen Napoleon ein, der es schließlich nach der Völkerschlacht bei Leipzig 1813 gelang, den Kaiser der Franzosen ins Exil nach Elba zu verbannen. Der Wiener Kongreß, bei dem Österreich als Gastgeber auftrat und den der österreichische Staatskanzler Wenzel Lothar Fürst Metternich fest im Griff hatte, sollte eine Neuordnung Europas zustande bringen. Der Kongreß, der nicht nur tanzte, wurde durch die 100 Tage Napoleons, der wieder in Frankreich landete und dann erst endgültig bei Waterloo besiegt und nach St. Helena verbannt wurde, erheblich beschleunigt. Die Friedensordnung des Wiener Kongresses, der unter der Devise der Restauration, also der Wiederherstellung der Situation vor der Französischen Revolution stand, blieb bis zum Ersten Weltkrieg bestehen. Die Habsburger rundeten ihren Territorialbesitz ab, sie gaben die österreichischen Niederlande und Vorderösterreich auf und behielten dafür Tirol, Brixen, Trient, Salzburg, Venetien, Dalmatien und Istrien, das sie in den Koalitionskriegen zeitweise gewonnen hatten. Auch in den beiden zentralen Fragen der Habsburgermonarchie war Metternich erfolgreich: In Italien wurde die Herrschaft der Habsburger direkt (Lombardei, Venetien) oder indirekt durch Sekundogenituren – die Einsetzung von zweitgeborenen Söhnen der Fürstenhäuser als Regenten – vom Norden bis in die Toskana wiederhergestellt, und auch in der deutschen Frage wurde mit dem Deutschen Bund, der an die Stelle des Alten Reiches trat, die Vorherrschaft Österreichs bestätigt. Mit der Heiligen Allianz, die Preußen und Rußland einschloß, schuf man zudem ein Instrument gegen Fortschritt, Revolution und Nationalismus in Europa, das in der Folgezeit durch Interventionen alle Aktivitäten, die gegen den Konservativismus dieser Mächte gerichtet waren, unterband.

Bürgertum zwischen Biedermeier und liberalem Verfassungsstaat

Manche der Bürger der Habsburgermonarchie hatten ihre Hoffnung auf Napoleon, einige wenige auch auf die Französische Revolution gesetzt. Die Ideen der konstitutionellen Monarchie, die eine Mitwirkung der wachsenden Bourgeoisie ermöglicht hätte, aber auch nationale Gedanken, die man im Kampf gegen Napoleon mit einer verstärkten patriotischen Propaganda geweckt hatte, wurden im Bürgertum immer wichtiger. Das politische System, das man nach 1815 in Österreich etablierte und das man als Vormärz oder Biedermeier bezeichnete, überließ diesem Bürgertum – wie auch allen andern Klassen der Bevölkerung – allerdings keinen Anteil an der Politik des Staates. Die Habsburgermonarchie zwischen 1815 und der Revolution im März 1848 war ein reaktionärer Staat, in dem alle politischen Regungen unterdrückt wurden. Ein Spitzelsystem und polizeiliche Überwachung kontrollierten die Menschen dieses Staates, der mit harten Maßnahmen gegen politisch Aktive vorging. Die Gefängnisse waren voll mit politischen Gefangenen, was international nicht zum Prestige der Monarchie beitrug. Dichter wie der Italiener Silvio Pellico, der am Spielberg bei Brünn/Brno eingekerkert war, haben in ihren Schriften zum negativen Image beigetragen.

Die Unmöglichkeit für Bürger, sich politisch zu betätigen, führte zu einem Rückzug in die Häuslichkeit und zu einer verstärkten kulturellen Aktivität (Salons), die das Bild der Epoche prägen und mit dem Begriff «Biedermeier» umschrieben werden. Eine scharfe Zensur und das Verbot aller Vereinsgründungen, hinter denen man sofort politische Umsturzpläne witterte, beschränkten das kulturelle Leben mit wenigen Ausnahmen (Theater, Bälle etc.) stark auf die Wohnungen der Bürger. Die Hausmusik blühte und die harmlosen biedermeierlichen Gedichte und Malereien – die sich mit der brutalen Wirklichkeit der Armut der bäuerlichen und proletarischen Schichten nicht auseinandersetzte, sondern idyllische Landschaften bevorzugte – prägen das Gesicht der Epoche. Dennoch entstanden einige Institutionen, die bis heute identitätsstiftend blieben: die Gesellschaft der Musikfreunde ebenso wie die Wiener Philharmoniker. Beethoven und Schubert, aber auch die beginnende Walzerkultur von Strauß und Lanner werden heute noch im Bild, das man sich von außen von Österreich macht, mit diesem selbst gleichgesetzt.

Schwerer als die abstrakt arbeitenden Musiker, deren politische Aussage beschränkt war, hatten es die Schriftsteller im Lande; sie wurden durch die Zensur strengstens überwacht. Viele der politischen Schriftsteller verließen das Land, andere wie Franz Grillparzer schrieben Kritisches nur für die Lade und profilierten sich mit patriotischen Dramen, wieder andere wie Ferdinand Raimund flüchteten in die Welt der Märchen- und Zauberspiele oder versuchten wie Johann Nestroy trotz der Zensur die Gesellschaft und manchmal auch die Politik satirisch aufs Korn zu nehmen.

Auch nach der gescheiterten Revolution von 1848/49 blieb das Bürgertum der Monarchie harmlos und loyal gegenüber Staat und Dynastie. Kunstmäzenatentum und Wohltätigkeit nahmen für die Damen und Herren der Hochbourgeoisie einen hohen Stellenwert ein. Viele Bürger wurden geadelt und bildeten die «zweite Gesellschaft», aber auch jene, die es nicht in den Adelsstand schafften, orientierten sich mehr an der Aristokratie als an den politisch bewußten Eliten Westeuropas. Zwar war mit der Dezemberverfassung 1867 eine Beteiligung der Bürger am Staat gegeben, die vor allem in der liberalen Periode von der Hochbourgeoisie genützt wurde, doch spielten Adel und Klerus nach wie vor gesellschaftlich und politisch (Herrenhaus) eine dominierende Rolle. Die Kleinbürger, also die Handwerker und Gewerbetreibenden der Städte, erhielten erst relativ spät das Wahlrecht und wurden vor allem von der christlichsozialen Partei mobilisiert. Staatspolitisch war diese politische Gruppierung ein Faktor der Stabilität und des Konservativismus, stand treu zu Kirche, Staat und Dynastie und integrierte das (deutsche) Bürgertum in diese staatstragende Ideologie, ja, machte es zu einem Garanten für den Bestand der krisengeschüttelten Monarchie.

Konservative Kräfte – Bürokratie, Armee, Kirche

War schon das Bürgertum, das in Frankreich zum Träger der Revolution geworden war, in der Habsburgermonarchie harmlos – sieht man von nationalen Problemen, auf die noch einzugehen sein wird, ab –, so zeigten sich andere gesellschaftliche Kräfte im Staat in noch weit stärkerem Maße als Garanten der bestehenden Ordnung. Die Bürokratie und die Armee waren Instrumente der staatlichen Zentralverwaltung und als solche aus dem Nationalitätenstreit, der das 19. Jahrhundert bestimmte, weitgehend herausgehalten, wenn auch dieses Idealbild sich bei näherer Betrachtung als brüchig erweist, denn auch in der Beamtenschaft und der Armee, besonders auch dem Offizierscorps, bestanden durchaus nationale Spannungen.

In den Kriegen gegen Frankreich und noch in einem viel stärkeren Ausmaß 1848/49 hatte die Armee der Habsburger eine stabilisierende, herrschaftsstützende Rolle gespielt. Die Regierung Kaiser Franz Josephs war auf dem Sieg der Armee gegen die Revolution in Prag, Wien und Ungarn aufgebaut, das Königreich Ungarn stand nach 1849 sogar unter militärischer Verwaltung. Zusätzlich zu der starken persönlichen Vorliebe Franz Josephs für die Armee und ihre bunten Uniformen, spielte dieser Faktor eine große Rolle in der Politik; die Armee wurde als Garant des Bestehens der Monarchie – nicht nur nach außen, sondern auch und spezifisch nach innen – gesehen.

Die Bürokratie des Staates, die auch die Polizei einschloß, die gerade im Vormärz – aber nicht nur in dieser Zeit – eine gewichtige Rolle spielte, war ebenfalls eine Stütze des Gesamtstaates. Das Idealbild des Beamten, der sich eines gesicherten Einkommens, sozialer Sicherheit (Unkündbarkeit, in Österreich Pragmatisierung genannt) und eines Pensionsanspruchs erfreute, war das des loyalen Staatsdieners konservativer Prägung, der sich aus dem nationalen Hader und dem parteipolitischen Gezänk heraushielt. Damit wurde dieses konservative Beamtentum der Monarchie zu einem wesentlichen Garanten ihrer Ordnung, und man muß bei aller oft geäußerten Kritik an diesen Beamten doch die Leistungen für die Verwaltung des riesigen Reiches würdigen, die oft noch lange nach 1918 ihre Wirkungsmacht zeigten.

Die katholische Kirche war zwar nach der Toleranzgesetzgebung Josephs II. nicht mehr «Staatskirche», spielte aber durch ihre konservative Haltung im 19. Jahrhundert eine wesentliche Rolle als herrschaftsstützendes Element. Schon im Vormärz war es zu einem – noch ungeschriebenen – Bündnis von Thron und Altar gekommen, das Metternich energisch befürwortete. Auch nach der Revolution des Jahres 1848, in der die Kirche natürlich auf seiten der Reaktion stand, war dieses Bündnis stark und wurde 1855 sogar durch ein Konkordat mit dem Heiligen Stuhl befestigt, das viele Bereiche (allen voran Schule und Ehegesetzgebung) im Sinne des Katholizismus regelte. Dieses Dokument war besonders den Liberalen, die es auch als Symbol der Zeit des Neoabsolutismus interpretierten und bekämpften, ein Dorn im Auge. Zwar wurde dieser Vertrag 1871 gekündigt, aber der gesellschaftliche und politische Einfluß der Kirche blieb erhalten – die liberalen Religions-Gesetze waren überaus milde – und war ebenso ein Garant des Staates wie jene Partei, die für die katholische Kirche eintrat: die Christlichsozialen. Hingegen haben sowohl die Sozialdemokraten, die grundsätzlich antiklerikal und ideologisch atheistisch waren, als auch die Deutschnationalen, die mit der «Los-von-Rom»-Bewegung eine Abwendung vom «welschen» (italienisch dominierten) Katholizismus forderten, eine Trennung von Staat und Kirche befürwortet, die sich in der Monarchie – und übrigens auch später – nicht durchsetzte.

Die Kräfte der Beharrung in der Monarchie waren also gesellschaftlich vor allem im konservativen Bauern- und Kleinbürgertum, in der über weite Strecken gut funktionierenden Bürokratie des Staates, in einer einheitlichen, nicht nach nationalen Gesichtspunkten organisierten Armee und der konservativ bis reaktionären, habsburg-freundlichen katholischen Kirche zu sehen. Politisch fanden diese Gruppen zu einem guten Teil ihre Heimat bei den politischen Parteien der «Konservativen» und den Christlichsozialen, die sich nach einer recht progressiven Anfangsphase immer mehr der konservativen Gesinnung annäherten.

Kulturelle Blüte – das Fin de Siècle

Sicherlich im Widerspruch zu den Verfallserscheinungen der Gesellschaft und des Staates in der Habsburgermonarchie um 1900 steht die kulturelle Blüte dieses Landes. Zwar hatte es auch im Vormärz beachtliche kulturelle Leistungen auf verschiedenen Gebieten gegeben: in der Literatur (z. B. Adalbert Stifter, Nikolaus Lenau), des Theaters (Franz Grillparzer, Ferdinand Raimund, Johann Nestroy), der Musik (Ludwig van Beethoven, Franz Schubert, die Strauss-Familie und Josef Lanner) und der Malerei (Friedrich Gauermann, Ferdinand Waldmüller), aber eine auch international bekannte und anerkannte Kultur verbindet man eher mit dem Ende des Jahrhunderts. Auf die Zeit des Historismus und der Ringstraßenarchitektur folgte eine Wende zur Moderne, die auf allen Gebieten Grundlagen für das 20. Jahrhundert schuf. Viele der Künstler und Wissenschaftler dieser Zeit stammen – und das überrascht, wenn man das antisemitische Klima des Staates ins Auge faßt – aus der jüdischen Bevölkerungsgruppe.

Vor allem die urbane Literatur der sogenannten Feuilleton-

und Kaffeehausliteratur (Peter Altenberg, Egon Friedell) hatte ihre Auswirkungen auf die literarische Szene; Männer wie Joseph Roth, Karl Kraus, Arthur Schnitzler, Hugo von Hofmannsthal, Stefan Zweig, Franz Kafka, Georg Trakl und Rainer Maria Rilke gehören zur ersten Garnitur der deutschsprachigen Literatur dieser Zeit. Auch Musiker wie Johannes Brahms, Anton Bruckner, Gustav Mahler, aber auch die «Neutöner» Josef Matthias Hauer, Arnold Schönberg, Alban Berg und Anton von Webern sind aus der kulturellen Szene der Zeit genauso wenig wegzudenken wie die bildenden Künstler Otto Wagner, Adolf Loos, Kolo Moser, Gustav Klimt oder Egon Schiele.

Eine ähnliche Blüte erlebte auch die Wissenschaft; hier ist allen voran an den Vater der Psychoanalyse Sigmund Freud oder an den großen Sprachphilosophen Ludwig Wittgenstein zu denken, aber auch an die weltberühmte zweite Wiener Medizinische Schule (z. B. Theodor Billroth, Karl Rokitansky, Emil Zuckerkandl und Julius Wagner-Jauregg) oder die Naturwissenschaften (Ludwig Boltzmann, Ernst Mach, Theodor Oppolzer).

Die Habsburgermonarchie und speziell deren Zentrum Wien war also – allen inneren Schwierigkeiten zum Trotz – auch geistig ein Zentrum, das mit anderen in Europa konkurrieren konnte.

Die Kräfte des Zerfalls

Die Habsburgermonarchie zerfiel bekanntlich 1918 in sogenannte «Nationalstaaten»; das war für die Geschichtsschreibung Grund genug, den Kräften des Zerfalls in diesem historischen Gebilde besondere Aufmerksamkeit zu widmen. Viele Probleme des Staates blieben im Laufe des 19. Jahrhunderts ungelöst – Fragen der politischen Partizipation ebenso wie die dringend anstehende Lösung sozialer Ungerechtigkeiten und Härten. Alles das mündete in einen politischen Konflikt, der sehr stark vom Hader der Nationalitäten, die um ihren Anteil an der politischen Lenkung des Staates rangen, dominiert war. Andere Fragen – wie etwa die sozialen Mißstände, die ideologischen Differenzen der Parteien und die Emanzipation der Frauen – waren demgegenüber in den Hintergrund getreten und kamen dann in der Republikgeschichte nach 1918 stärker zum Tragen.

1848 – Revolution in der Habsburgermonarchie

Die Unzufriedenheit mit dem vormärzlichen System, das oft auch als *System Metternich* bezeichnet wird, war groß. Der Staatskanzler hatte nach dem Tod des konservativen Kaisers Franz II./I. 1835 noch leichteres Spiel in der Durchsetzung seiner Wünsche, denn Kaiser Ferdinand I., dessen Thronfolge als legitimer Herrscher – auch wenn er nicht regierungsfähig war – Metternich gefördert hatte, spielte keine politische Rolle, ein Staatsrat unter der Führung des Staatskanzlers bestimmte die Geschicke des Staates.

Die Bauern, die noch immer im System der Grundherrschaft lebten, waren mit ihrer Lage ebenso wenig zufrieden wie die Arbeiter, deren Arbeits- und Lebensbedingungen erschreckend waren. Lange Arbeitszeiten, geringer Lohn, schlecht bezahlte Frauen- und Kinderarbeit, kein Schutz bei Schwangerschaft, Krankheit oder Verletzungen, kein Kündigungsschutz, miserable Wohnverhältnisse und schlechtes Essen charakterisierten die Lage des Proletariats, das allerdings noch kein eigenes Bewußtsein und auch keine eigenen Organisationen entwickelte, um diese bedrückenden Zustände zu artikulieren und zu ändern. Das Pauperismus-Problem, wie die Zeitgenossen es nannten, wurde ausschließlich von Männern der Oberschicht diskutiert. Weitaus bewußter und organisierter als die unzufriedenen Bauern und Arbeiter waren die Bürger der Städte, denen das politische Mitspracherecht vorenthalten wurde. In Vereinen, wie dem juridisch-politischen Leseverein in Wien oder den Handels- und Gewerbekammern, wurde der Gedanke an eine Konstitution, eine freie Presse und ein Ende des *Systems Metternich* entwickelt.

Die Nachricht von der erfolgreichen Februarrevolution in Paris und den Nachfolgerevolutionen in Süddeutschland zusammen mit einer Verschlechterung der wirtschaftlichen Lage durch die schlechten Ernten der zurückliegenden Jahre brachte das Faß zum Überlaufen. Am 13. März 1848 – dem Geburtstag Josephs II. – protestierten in Wien die Bürger und Studenten für eine Änderung der Lage. Aus der zunächst friedlichen Demonstration in der Herrengasse und im Hof des Landhauses, bei der Adolf Fischhof die erste freie Rede in Österreich hielt und eine freie Presse und eine Verfassung forderte, wurde durch das Eingreifen der Armee unter Erzherzog Albrecht eine blutige Schlacht. Gleichzeitig – und das war entscheidend für den Erfolg der Revolution – kam es in den Vorstädten (zwischen Befestigung und Linienwall) zu einem Aufstand der Arbeiter, die Geschäfte plünderten und Fabriken in Brand setzten. Diese doppelte Bedrohung führte zu einem raschen Nachgeben der Machthaber, der Kaiser gewährte Pressefreiheit, versprach eine Verfassung und Metternich verließ das Land. Die Revolution schien gesiegt zu haben.

Die weitere Entwicklung zeigte, daß das Bürgertum mit der Verkündigung der Verfassung von Pillersdorf am 25. April 1848 weitgehend zufrieden war, während die Studenten und Arbeiter weitergehende Forderungen stellten. Im Mai kam es zum Protest der Studenten in Wien, man kann diese Phase als die der demokratischen Revolution bezeichnen. Wieder gab der Kaiser nach.

Eine weitere Verschärfung der sozialen Situation in Wien erfolgte im August, als bürgerliche Nationalgarden auf die gegen Lohnkürzungen demonstrierenden Arbeiter schossen (Praterschlacht). In der Endphase der Wiener Revolution im Oktober 1848 standen die Arbeiter und Studenten allein gegen die sich formierenden konterrevolutionären Kräfte. Mit der Ermordung des Kriegsministers Theodor Graf Baillet-Latour wurde diese radikale Phase eingeleitet, mit der Eroberung der Stadt durch die loyalen Truppen unter Alfred Fürst Windischgrätz und dem Banus von Kroatien, Josef Jellačić, am 31. November 1848 endete die Revolution in der Hauptstadt.

Wien war zweifellos der Hauptschauplatz der Revolution, auf dem auch die theoretischen Diskussionen um demokratische und soziale Fragen geführt wurden, aber unmittelbar nach dem März 1848 kam es auch in anderen Städten der Monarchie zu Nachahmungen der Wiener Revolution, die oft auch einen unfreiwillig komischen Charakter annahmen. Neben Prag, wo der große Aufstand schon zu Pfingsten niedergeschlagen wurde, war Ungarn der Brennpunkt des revolutionären Geschehens. Am ungarischen Landtag in Preßburg hatte Ludwig (Lájos) Kossuth bereits am 3. März eine aufrüttelnde Rede gehalten, die das Signal für einen Aufstand war, der weniger soziale Züge trug – Bürgertum und Proletariat in Ungarn fehlten weitgehend – als traditionell anti-habsburgische Elemente aufwies, die in der ungarischen Geschichte seit 1527 tief verankert waren. Den Höhepunkt erreichte die ungarische Revolution erst, als in Wien die Reaktion schon wieder fest im Sattel saß. Am Landtag zu Debreczen im April 1849 wurde Ungarn als selbständig erklärt, die Dynastie der Habsburger vom Thron vertrieben und eine Republik mit Kossuth als Präsidialregenten ausgerufen. Doch die Kräfte der Konterrevolution waren bereits zu stark, und im August wurden die Truppen Ungarns bei Világos von der habsburgischen Armee und den zu Hilfe eilenden Russen besiegt. Einigen der Führer der Revolution gelang die Flucht ins Osmanische Reich, viele aber wurden gefangengenommen und hingerichtet. Ähnlich wie in Wien im November 1848 wurde die Revolution im Blute ertränkt. Der 18jährige Kaiser Franz Joseph, der im Dezember 1848 seinem regierungsunfähigen Onkel, der zu seinen Gunsten abdankte, gefolgt war, hatte das erste Kapitel seiner Regierungsgeschichte mit Blut geschrieben. Seine Herrschaft gründete auf den Bajonetten der Armee, die in Italien unter Radetzky die Ansprüche Piemont-Sardiniens abgewehrt und die Revolution in Prag, Wien und letztlich auch in Budapest besiegt hatte.

Die Neuansätze des Jahres 1848 wurden mit einer Ausnahme vernichtet. Die Verfassung hatte ja in den Ländern der Monarchie zu einer Wahl geführt – kurz davor war schon für das gesamtdeutsche Parlament in der Frankfurter Paulskirche gewählt worden –, die zum Zusammentreten eines Reichstages führte. Erzherzog Johann, der populäre «steirische Prinz», den man in Frankfurt zum Reichsverweser gewählt hatte, eröffnete den Reichstag in Wien, der zwei wesentliche Errungenschaften brachte. Er arbeitete eine Verfassung aus, die erst nach der Flucht der Abgeordneten nach Mähren, nach Kremsier/Kroměříž abgeschlossen wurde. Diese Kremsierer Verfassung, die nie in Kraft trat, gilt (vielleicht deshalb) vielen Verfassungshistorikern heute als eine Art Idealverfassung der Monarchie. Dieser Entwurf, wie auch die Menschenrechte und die Pressefreiheit, fielen der Etablierung eines neuen Absolutismus zum Opfer. Was die Revolution überdauerte, war ein Antrag des jüngsten Abgeordneten Hans Kudlich zur Aufhebung der Grundherrschaft. Zu guter Letzt, wenn auch in veränderter Form, wurde die Bauernbefreiung in der Habsburgermonarchie doch noch Wirklichkeit. Wie sehr allerdings das Modell der Entschädigung der Grundherrn, das in der neoabsolutistischen Zeit realisiert wurde, die soziale Lage des Landes beeinflußte, wurde schon in einem anderen Zusammenhang diskutiert.

Die Revolution 1848/49 war also gescheitert, die Lage der Bürger und der Arbeiter besserte sich kaum, nur die Bauern, die sich an der Revolution nicht beteiligt hatten, wurden befreit. Die Armee, die Kirche und die Bürokratie wurden verstärkt zu Stützen eines Herrschers, der den Gedanken des Konstitutionalismus und der Menschenrechte gänzlich negativ gegenüberstand.

Die «soziale Frage»

Die Industrialisierung hatte im Laufe des 19. Jahrhunderts erheblich zugenommen, und die Zahl der Arbeiter war im Steigen begriffen; immerhin waren in der westlichen Reichshälfte um die Jahrhundertwende etwas mehr als ein Viertel der Bevölkerung in Industrie und Gewerbe tätig, allerdings waren 50 Prozent der Bevölkerung der Habsburgermonarchie noch in der Land- und Forstwirtschaft beschäftigt. Im Gebiet des späteren Österreich lag der Anteil der «industriellen» Bevölkerung, der allerdings auch die traditionellen Kleingewerbetreibenden einschloß, sogar noch höher, nämlich bei fast 38%.

Sicherlich war auch die Lage der Bauern – abhängig von der Größe und Lage ihres Hofes – nicht immer rosig, und auch das Kleinbürgertum der Handwerker und kleinen Geschäftsbesitzer kämpfte mit dem durch die Industrialisierung entstandenen Konkurrenzdruck, doch die Lage der Arbeiter war sicherlich die schlimmste. Vielfach wurden sie nicht nur schlecht entlohnt, sondern mußten einen Teil ihres Einkommens, der in Gutscheinen ausbezahlt wurde, auch in den überteuerten Geschäften des Unternehmers ausgeben.

Erstmals waren diese Probleme der «sozialen Frage» im Jahre 1848 Thema einer breiteren Diskussion, als sich die Studenten der Sache der Proletarier annahmen, aber nach dem Scheitern der Revolution war alles wieder beim alten, und auch die Liberalen, die von 1867 bis 1879 in der Habsburgermonarchie an der Macht waren, hatten kein Verständnis für diese Belange der Arbeiter, waren sie doch Vertreter der Bourgeoisie, die an den bestehenden Ausbeutungsverhältnissen nichts verändern wollten. Interessanterweise hat die Kirche und haben die Konservativen in dieser Frage weit mehr Verständnis gezeigt.

Erst nach dem Fall der Liberalen kam es einerseits zu einer immer weniger zu vernachlässigenden Organisation der Arbeiterklasse in der Politik, die schließlich 1888/89 in die Gründung der Sozialdemokratischen Partei mündete, und andererseits unter der Regierung des konservativen Grafen Eduard Taaffe zu einer ersten zaghaften Arbeiterschutzgesetzgebung nach deutschem Muster, die Neuerungen wie ein Gewerbeinspektorat, eine Arbeitszeitbegrenzung sowie eine Unfall- und Krankenversicherung brachte. Die Unzufriedenheit der Arbeiter, die noch immer vom Wahlrecht ausgeschlossen waren, äußerte sich in Demonstrationen, Unruhen und Gewaltakten, welche die Brisanz des Problems, das innerhalb der Habsburgermonarchie keine Lösung mehr finden sollte, deutlich zeigte.

Der Kampf um eine Verfassung der Monarchie

Das Bürgertum der Monarchie, dessen Lebensumstände erheblich besser waren, hatte andere Sorgen. Es sah sich in der Zeit nach 1848, die eine Rückkehr zum Absolutismus (Neoabsolutismus) brachte, um seine Hoffnungen auf eine Verfassung und auf Mitwirkung in der Politik betrogen; darüber konnte auch eine liberale Wirtschaftspolitik in der Zeit des Neoabsolutismus nicht hinwegtäuschen. Das Ende der verfassungslosen Zeit kam schrittweise und hatte eher mit außen- als mit innenpolitischen Faktoren zu tun. Die Habsburgermonarchie verlor 1859 den Krieg gegen Frankreich und Piemont-Sardinien und dann erneut 1866 den Krieg gegen Italien und Preußen. Diese Niederlagen schwächten das Prestige des Staates und des Herrschers, und die Kriege nötigten Franz Joseph zur Aufnahme von Krediten und zu Anleihen beim Bürgertum, das nun seine politischen Rechte hörbar einforderte. Als Reaktion auf die Katastrophe von 1859 – die verlorenen Schlachten von Magenta und Solferino sowie die Abtretung der Lombardei – mußte der Kaiser einen ersten Schritt in Richtung auf eine Verfassung tun. Doch das Oktoberdiplom des konservativen polnischen Grafen Agenor Goluchowski 1860 hatte nur eine ganz kurze Lebensdauer und mußte schließlich durch das Februarpatent 1861, das der Deutschliberale Anton Ritter von Schmerling verantwortete, ersetzt werden. Diese Verfassungsentwürfe hatten nur begrenzt demokratischen Charakter und ließen eines der Grundprobleme der Monarchie, das Verhältnis zu Ungarn, ungelöst. Die erneute Niederlage 1866 – entscheidend die Schlacht bei Königgrätz/Hradec Kralové, das Ausscheiden aus der deutschen Frage und der Verlust Venetiens – war das Signal für einen weiteren Schritt in Richtung Konstitutionalismus. Die Dezemberverfassung 1867 kam im Gegensatz zu den bisherigen Verfassungen durch eine «Volksvertretung» zustande und war nicht vom Kaiser oktroyiert; im Ausgleich mit Ungarn, von dem später die Rede sein wird, wurde gleichfalls eine Lösung angestrebt.

Die Dezemberverfassung, eigentlich ein Bündel von Gesetzen, das die Rechte der Staatsbürger (aufbauend auf der Menschenrechtserklärung von 1862, die heute noch Bestandteil der österreichischen Verfassung ist), die Schaffung eines Zweikammernsystems der Volksvertretung (gewähltes Abgeordnetenhaus und vom Kaiser ernanntes Herrenhaus) und die höchste Gerichtsbarkeit regelte, hatte eine Reihe von Mängeln. Die Position des Kaisers in der Verfassung war stark, er kontrollierte Armee und Außenpolitik, und sein Einfluß auf die Regierungsbildung war unübersehbar. Außerdem enthielt die Verfassung einen Notverordnungsparagraphen (§ 14), der die Möglichkeit schuf, auch ohne Parlament zu regieren, und bis zum Ende der Monarchie in Anbetracht des steigenden Nationalitätenhaders häufig in Anspruch genommen werden mußte. Grundsätzlich war diese Verfassung allerdings bis zum Ende der Monarchie in Kraft.

Politisch war die Frage des Wahlrechtes, das im Laufe des «langen 19. Jahrhunderts» immer wieder reformiert wurde, entscheidend für die Möglichkeiten der Bevölkerung, sich am Staat zu beteiligen. Das Wahlrecht der Monarchie war ein Mehrheitswahlrecht, das durch die Manipulation des Zuschnitts der Wahlsprengel den Einfluß der an der Herrschaft befindlichen Deutschen stützte. Dieses Wahlrecht war ein Zensuswahlrecht, das heißt, erst eine gewisse Höhe der Steuerleistung berechtigte zur Stimmabgabe; diese Leistung war ursprünglich mit 20 Gulden sehr hoch, so daß nur die Großbourgeoisie und die Großgrundbesitzer wählen konnten, nur 5,8 % der Bevölkerung besaßen in der Zeit des Liberalismus das Wahlrecht. Senkungen des Zensus integrierten breitere Bevölkerungsschichten in die Politik, entscheidend war sicherlich die Wahlreform von 1882, durch die das Kleinbürgertum und Teile der Bauern wahlberechtigt wurden. Diese oft als «Einbruch der Greißler (kleine Ladenbesitzer) in die Politik» apostrophierte Neuerung stärkte langfristig besonders die Christlichsozialen. Erst 1897 wurden dann alle Männer, die das 24. Lebensjahr überschritten hatten, wahlberechtigt, doch durch das System des Kurienwahlrechtes war die Zahl der von diesen großen Massen zu wählenden Abgeordneten sehr beschränkt. Die Stimmen waren keineswegs gleichwertig, in der liberalen Periode wählten 0,027 % der Wähler in der Kurie der Handels- und Gewerbekammern fast ein Drittel der Abgeordneten! 1873 führten die Liberalen das direkte Wahlrecht ein, bis dahin entsandten Landtage die Abgeordneten nach Wien. Auch der Grundsatz, daß das Wahlrecht geheim sein sollte, war in einigen Kurien nicht gegeben. Erst 1906 gelang es Max Wladimir Freiherrn von Beck, das allgemeine, gleiche, direkte und geheime Wahlrecht für Männer durchzusetzen, 1907 wurde erstmals nach diesem Wahlrecht gewählt.

Daß es in der Habsburgermonarchie kein Frauenwahlrecht gab, das vor allem die Sozialdemokraten und Sozialdemokratinnen vehement forderten, ist im europäischen Kontext keine Besonderheit; diesen letzten Schritt der Demokratisierung – und auch den Übergang vom Mehrheits- zum Verhältniswahlrecht – zu vollziehen, blieb der Republik vorbehalten.

Die Bildung der Massenparteien

Die Verfassung von 1867 schuf die Voraussetzungen für die Gründung von Parteien, in denen die politischen Interessen der Bevölkerung kanalisiert werden konnten. Einige Besonderheiten der Parteienentwicklung in der Habsburgermonarchie sind dabei zu beobachten. Zunächst war der Anfang des politischen Lebens nach 1867 durch einen Typus der Partei gekennzeichnet, die der deutsche Soziologe Max Weber trefflich als «Honoratiorenpartei» charakterisierte. Die «Liberalen» (schon der Name ist eine Hilfskonstruktion), die von 1867–1879 politisch dominierten, hatten keine Parteiorganisation und kein schriftlich festgelegtes Programm. Sie besaßen allerdings mit den liberalen Zeitungen *Presse*, *Neue Freie Presse* und *Neues Wiener Tagblatt* ein klares Meinungsprofil, das zwar in Details widersprüchlich war, aber in den Grundzügen übereinstimmte: Verfassung, Aufrechterhaltung der deutschen Vorherrschaft und Kampf gegen das Konkordat von 1855 waren klare Ziele, die allerdings bald erreicht waren. Die Abgeordneten der Liberalen waren angesehene Männer in ihren Wahlkreisen, die sich erst dann im Parlament zu einer Art Club zusammenfanden und gemeinsam argumentierten und stimmten. Die Perspektivlosigkeit dieser Partei und die Korruptionsaffären, in die viele ihrer (Regierungs-)Mitglieder verstrickt waren, führten 1879 zu einem jähen Ende des Liberalismus in der cisleithanischen Reichshälfte.

Die Gegner der Liberalen waren neben den (deutschsprachigen) Klerikalen – vor allem aus Tirol, aber auch aus anderen Teilen der Monarchie – die verschiedenen Nationalitäten, die sich zunächst pro Sprachgruppe in einer Partei zusammenfanden. Erst im Laufe der Zeit differenzierte sich das Parteienspektrum der verschiedenen Nationalitäten aus; es entstanden, um nur ein Beispiel zu nennen, neben den Alttschechen die eher liberal orientierten Jungtschechen, aber auch eine sozialdemokratische tschechische Arbeiterpartei.

Nach dem Ende des Liberalismus – auf staatlicher Ebene regierte der «Eiserne Ring», der alle bisherigen Gegner der Liberalen zusammenfaßte unter dem Vertrauensmann des Kaisers, Graf Eduard Taaffe – bildeten sich Massenparteien im modernen Sinne aus. Alle diese Parteien wurzelten im Liberalismus; als Beispiel wird immer das Linzer Programm 1882 angeführt, an dem Viktor Adler (später Sozialdemokrat), Georg Ritter von Schönerer (später Deutschnationaler) und Robert Pattai (später Christlichsozialer) mitgestalteten. Sie alle haben also später in unterschiedlichen «Massenparteien» eine führende Rolle gespielt.

Die Arbeiter begannen sich seit 1848 besser zu organisieren, aber erst die Verfassung von 1867 gab ihnen die Möglichkeit, Parteien zu bilden. Diese frühe Parteienentwicklung ist von zwei Gegensätzen gekennzeichnet: Ein Teil der Arbeiter setzte auf Selbsthilfe (z. B. Konsumgenossenschaften), ein anderer auf Staatshilfe nach dem Vorbild von Ferdinand Lasalle, ein Teil war revolutionär und wollte die klassenlose Gesellschaft im Sinne der Schriften von Karl Marx und Friedrich Engels durch eine proletarische Revolution durchsetzen, ein anderer Teil war evolutionär orientiert und wollte dasselbe Ziel mit demokratischen Mitteln erreichen. Der Arzt Viktor Adler, der aus bürgerlichen Verhältnissen stammte, hatte das Elend der Arbeiter kennengelernt und entwickelte sich zum Führer der Arbeiterbewegung und zum eigentlichen Gründer der Sozialdemokratischen Partei, da es ihm gelang, am Parteitag zu Hainfeld 1888/89 die verschiedenen Strömungen zu vereinen. Das Merkmal der österreichischen Sozialdemokratie war ein Ausgleich der Interessen verschiedener Gruppen, die sich alle in der Partei vertreten fühlten. Am linken Flügel blieb dadurch langfristig kein Platz für die Entwicklung einer starken Kommunistischen Partei; diese Gruppe spielte nur nach 1918 und nach 1945 in der jeweiligen Krisensituation eine gewisse Rolle.

Politisch strebte die Sozialdemokratie eine Trennung von Staat und Kirche an, verlangte als einzige das Frauenwahlrecht und machte sich Gedanken, das Nationalitätenproblem auf eine andere Ebene zu heben (Grundidee: Nationalitätenkampf ist transformierter Klassenkampf). Letztlich stand sie für das Ende der Monarchie und für eine Republik, wenn sie auch in dieser Frage sehr behutsam argumentierte und keineswegs radikale Lösungen anstrebte. Als einzige der drei neuen Massenparteien war sie nicht antisemitisch orientiert, wenn auch gewisse Vorurteile – trotz der häufig aus der jüdischen Bourgeoisie stammenden Führungsschicht der Partei – bei der Arbeiterschaft vertreten waren.

Auch die Christlichsoziale Partei hatte viele Wurzeln. Als Reaktion auf die liberale Politik gegen das Konkordat (Religionsgesetze von 1868) kam es zu einer Klerikalisierung der Landbevölkerung, die zunehmend von den Priestern für die christlichsoziale Partei organisiert wurde. Einzelne Theoretiker wie Karl Freiherr von Vogelsang machten sich über die sozialen Probleme Gedanken, die in dieser Zeit auch das Papsttum (Leo XIII.) beschäftigten. Zwar scheiterte man bei den Arbeitern weitgehend – eine christlichsoziale Arbeiterbewegung blieb marginal –, doch gelang es vor allem, das Kleinbürgertum zu rekrutieren, das in der Konkurrenz zu den Fabriken und der Angst vor Proletarisierung lebte. Mit Karl Lueger, der in Wien gegen die Liberalen gekämpft hatte, trat ein Mann an die Spitze dieser Partei, der eine große Faszination auf die Wähler ausübte, ein glänzender Redner und geschickter Demagoge, der den Antisemitismus, der in seiner Partei auch ideologisch begründet war, geschickt zu instrumentalisieren verstand. Die Lösung für soziale Probleme sah die christlichsoziale Partei in der «christlichen» Verantwortung des Unternehmers, die ein «jüdischer» Unternehmer ihrer Meinung nach nicht haben konnte. Diese und einige andere Einfallstore der antisemitischen Propaganda standen weit offen. Die in Österreich häufig vertretene These, dieser christlichsoziale Antisemitismus sei harmlos, muß entschieden zurückgewiesen werden. Erstens gibt es keinen «guten» Antisemitismus, und zweitens ist die Trennung zwischen dem christlichsozialen, religiös motivierten und dem deutschnationalen, rassistischen Antisemitismus bei genauem Hinsehen nicht aufrechtzuerhalten, da sich die beiden Formen stets mischen.

Politisch stand die Christlichsoziale Partei der katholischen

Kirche nahe, wollte keine Trennung von Staat und Kirche, war loyal zur Staatsform und zur Dynastie – die einzige der drei Massenparteien, die diese Einstellung hatte.

Die Deutschnationalen entsprachen am wenigsten den Vorstellungen einer «modernen» Massenpartei, obwohl sie durch das Wahlrecht der Monarchie die mandatsstärkste dieser drei Gruppen waren. Sie stützten sich in ihrer Wählerschaft auf das Bürgertum, vor allem die Bildungsbürger, aber auch auf Teile der Bauernschaft. Besonders in Gebieten, in denen die Deutschen die Minderheit darstellten (z. B. in Böhmen) waren sie sehr erfolgreich. Vorfeldorganisationen wie studentische Burschenschaften, Turnvereine und der Deutsche Schulverein waren als Rekrutierungsbasen der Partei besonders wichtig. Die Deutschnationalen reagierten vor allem auf den Ausschluß der Deutschsprachigen der Monarchie von der deutschen Einigung, der mit der Reichsgründung des Deutschen Kaiserreiches 1870/71 endgültig schien. Sie betonten die Vorstellung von der Überlegenheit der Deutschen, waren gegen alle anderen Nationalitäten der Monarchie, verachteten besonders die Slawen und mehr noch die Juden. Der rassische Antisemitismus, der seit der Mitte der 1870er Jahre immer vehementer wurde, traf in diesem Lager auf offene Ohren. Doch auch in der antisemitischen Propaganda der Deutschnationalen fehlten alte Vorurteile der katholischen Kirche (Ritualmord, Juden als Mörder Christi etc.) nicht, so daß auch hier eine scharfe Trennung nicht möglich ist. Georg Ritter von Schönerer, der weitaus weniger integrativ als Adler und Lueger wirkte, war besonders radikal und überfiel unter anderem 1888 die Redaktion des *Neuen Wiener Tagblattes,* das er als «Judenpresse» verunglimpfte, was zu einer Gefängnisstrafe und zur Aberkennung seines Reichsratsmandates führte. Neben dem Antisemitismus spielte auch ein ebenso vehementer Antiklerikalismus eine Rolle. Die *Los-von-Rom Bewegung* strebte danach, die deutschnationalen Parteigänger dazu zu bringen, aus der katholischen Kirche auszutreten, denn – wie Schönerer hetzte – «ohne Juda, ohne Rom, bauen wir Germaniens Dom».

Politisch traten die Deutschnationalen für eine Angliederung der deutschsprachigen Gebiete der Monarchie an das hohenzollerische Deutschland und eine Umgestaltung des Restes der Monarchie in einen Ring von Klientelstaaten des Deutschen Reiches ein. Kirche und Dynastie standen sie negativ gegenüber.

Das Nationalitätenproblem

Die zentrale Frage der Monarchie stellte sich im 19. Jahrhundert immer drängender und galt dem Zusammenleben der vielen Nationalitäten. Je nachdem, wie man sie zählt, gab es etwa ein Dutzend verschiedener Nationalitäten, die sich über ihre Sprache und Kultur, aber auch über Geschichte und schließlich biologistisch über ihre «Rasse» definierten. Die Deutschen und die Magyaren waren dabei die führenden, auch nach 1867 politisch privilegierten Nationen. Aber die Slawen der Monarchie (Tschechen, Polen, Ruthenen/Ukrainer, Slowenen in der einen und Kroaten, Serben und Slowaken in der anderen Reichshälfte), sowie Romanen (Rumänen und Italiener) bildeten die numerische Mehrheit. Viele andere kleinere Nationalitäten wie z. B. die Ladiner oder auch Gruppen, die sich religiös definierten wie die Juden, aber auch die Roma und Sinti, die verstreut in der Monarchie lebten, um nur einige wenige zu nennen, komplizierten die Situation zusätzlich.

Im 18. Jahrhundert und dann besonders im Vormärz war ein erstes nationales Erwachen zu bemerken, das sich vor allem im Bereich der Sprachwissenschaft und der Geschichte, aber auch in den politischen Forderungen der nationalen Eliten ausdrückte; erst in der zweiten Jahrhunderthälfte wurde der Nationalismus immer stärker auch auf die Straße getragen. Sicherlich ein entscheidendes Jahr für den Nationalismus war 1867. Die Ungarn, die nach der Niederlage der Revolution 1849 mit einer nationalen Unterdrückung bestraft wurden, hatten mit dem Ausgleich – einem Vertrag der ungarischen (Adels-)Nation mit Franz Joseph – eine besondere Stellung unter den Nationen erhalten. Dieser Ausgleich teilte die Monarchie in zwei Teile, von denen einer das Königreich Ungarn war, in dem die Magyaren ca. ein Drittel der Bevölkerung ausmachten. Der zweite Teil, «die im Reichsrat vertretenen Königreiche und Länder», oder weniger formell «Cisleithanien» oder auch «Österreich» genannt, war mit diesem Königreich Ungarn durch eine Personalunion (Franz Joseph war gleichzeitig Kaiser von Österreich und König von Ungarn) und eine Realunion (gemeinsame Außen-, Heeres- und Finanzpolitik in den gemeinsamen Angelegenheiten) verbunden. Die Quote (also der finanzielle Beitrag zu den gemeinsamen Punkten) war mit 70 zu 30 zugunsten Ungarns festgelegt worden, Delegationen sollten alle zehn Jahre diese Quote neu verhandeln. In den inneren Angelegenheiten – damit auch in der Nationalitätenpolitik – war Ungarn selbständig.

Diese Privilegierung einer weiteren Nation neben den Deutschen rief eine starke Ablehnung der anderen Nationen hervor. Vor allem die Tschechen, die ebenso wie Ungarn auf ihre mittelalterliche Selbständigkeit und das böhmische Staatsrecht verweisen konnten, verlangten einen ähnlichen «Ausgleich» auch für die böhmischen Länder. Die Versuche, diesen durchzuführen, erscheinen als eine Reihe von Mißerfolgen, die in der sogenannten Badeni-Krise des Jahres 1897 gipfelten. Badeni hatte eine Sprachverordnung vorgeschlagen, die vorsah, daß alle Beamten in Böhmen beide Landessprachen, das Deutsche und das Tschechische, innerhalb einiger Jahre perfekt beherrschen sollten. Der Aufschrei der Deutschen, insbesondere der Deutschnationalen, war gewaltig. Demonstrationen in Wien führten zum Sturz Badenis, der – ein kurioses Detail am Rande – unter anderem von Schönerer zum Duell gefordert wurde! Die Tschechen sahen nun zunehmend ihre Zukunft nicht mehr innerhalb der Monarchie, sondern träumten von einem eigenen Staat.

Während die Polen sich mit Wien weitgehend arrangierten, nahm die Problematik der Südslawen in der Donaumonarchie besondere Brisanz an. Zwei Zukunftsmodelle standen sich gegenüber, die austro-slawische Lösung, die eine Vereinigung der Südslawen unter Führung der Kroaten innerhalb der Habsburgermonarchie vorsah, und die großserbische Lösung, die eine Vereinigung der Südslawen unter der Führung Serbiens, das seit dem Berliner Kongreß von 1878 als eigener Staat existierte, anstrebte. Erzherzog Franz Ferdinand, der nach dem Selbstmord Kronprinz Rudolfs – des Sohnes Kaiser Franz Josephs und seiner legendenumwobenen Frau Elisabeth (Sisi) – 1889 in Mayerling als Thronfolger vorgesehen war, vertrat vehement die austroslawische Lösung, was wesentlich zur Vorgeschichte des Ersten Weltkrieges beitrug.

Zwei unterschiedliche Positionen der Völker der Monarchie lassen sich unterscheiden. Einige hatten ein Identifikationsobjekt außerhalb der Monarchie wie die Italiener, die sich als «Unerlöste» fühlten (*Irredenta*), oder die Rumänen und die Südslawen, aber auch die Deutschen und in spezieller Weise die Polen, deren Staat allerdings nur im Kopf, nicht in der Realität bestand. Daneben gab es mit den Tschechen, Slowaken und Ungarn auch Völker, die ausschließlich innerhalb der Habsburgermonarchie lebten. Eine zweite Differenzierung hatte Langzeitfolgen: Einige der Völker waren sogenannte «historische Nationen», konnten also auf einen mittelalterlichen «Nationalstaat» zurückblicken – so die Deutschen im Reich, die Polen unter den Piasten, die Tschechen unter den Přemysliden, die Ungarn unter den Árpáden, aber auch die Kroaten und Serben. Hingegen hatten andere Nationen, wie die Slowaken und Slowenen, keine solche Tradition und haben erst sehr rezent (nach 1989) ihren eigenen Staat geschaffen.

Die Verfassung von 1867 sah zwar eine Gleichberechtigung aller «Volksstämme» vor, doch die Realität war ganz anders; sowohl die Deutschen als auch die Ungarn unterdrückten die anderen Nationen ihrer Reichshälften, die allerdings in den Kronländern ebenfalls andere Nationalitäten unterdrückten, wie etwa die Polen in Galizien und Lodomerien die Ukrainer gängelten. Autonomierechte, eine eigene Verwaltung, Rechtsprechung und ein adäquates Schulwesen waren die dominierenden Forderungen der Nationen. Wie schwer das zu verwirklichen war, zeigt eine Episode der Politik dieser Zeit. 1895 war in der kleinen Stadt Cilli/Celje (heute Slowenien) eine slowenische Parallelklasse in dem bis dahin weitgehend deutschen Gymnasium eingerichtet worden. Der Großteil der Bevölkerung der Stadt war deutschsprachig, aber aus dem ausschließlich slowenischen Umland kamen ebenfalls Kinder in diese Schule. Die Einrichtung einer Klasse in einem Gymnasium einer Stadt führte zu einem Bruch der Koalition in Wien und dem Rücktritt des Ministerpräsidenten Alfred Fürst Windischgrätz, des Regierungschefs eines mächtigen Staates. Dieses kleine Beispiel zeigt eindrucksvoll, wie unlösbar das Nationalitätenproblem geworden war; versuchte ein Ministerpräsident einer Nationalität entgegenzukommen, protestierten die Deutschen, die Ungarn, und auch der Kaiser war nicht einverstanden – der Karren war festgefahren und eine Lösung des Problems nicht in Sicht. Eine der Schwierigkeiten war vor allem, daß man keine klaren Grenzen zwischen den einzelnen Völkern ziehen konnte, jede Grenzziehung hatte Minderheiten im anderen Teil zur Folge, was sich ja auch deutlich nach 1918/19 herausstellte.

Il mondo casca – Erster Weltkrieg und Ende der Monarchie

Der europäische Krisenherd par excellence am Beginn des 20. Jahrhunderts war der Balkan, dessen nationale Situation verworren war und auf dem sich die Machtinteressen der Großmächte artikulierten. Vor allem die Habsburgermonarchie und Rußland, das sich der politischen Mittel des Panslawismus und der Pan-Orthodoxie bediente, standen sich hier feindlich gegenüber. Aber auch viele andere Konflikte in Europa führten zu einer wachsenden Bereitschaft der Großmächte, einen Krieg zu riskieren. Die «geheimen» Bündnissysteme waren zwar alle im Prinzip defensiv ausgerichtet, aber erwiesen sich in der Krise von 1914 als gefährlich. Zwei Bündnisse waren entstanden, die Mittelmächte (1878 Zweibund zwischen dem Deutschen Reich und der Habsburgermonarchie, 1882 erweitert durch Italien und 1883 durch Rumänien) und die Entente Cordiale, die durch Verträge zwischen Frankreich und Rußland 1894, Frankreich und England 1904 und schließlich England und Rußland 1907 zustande gekommen war.

Am 28. Juni 1914 – dem Jahrestag der Schlacht auf dem Amselfeld, dem Kossovo polje 1389 – paradierte Erzherzog-Thronfolger Franz Ferdinand in Sarajewo, wo mehrere Gruppen von Attentätern bereits auf ihn warteten. Sie waren Bürger der Monarchie, allerdings in Serbien ausgebildet, und einem von ihnen, Gavrilo Princip, gelang es, Franz Ferdinand und seine Frau Sophie zu töten. Diese Tat löste eine Krise aus, die schließlich zu einem Ultimatum Franz Josephs an Serbien und zum Beginn des Krieges führte. Die patriotische Begeisterung war zunächst groß, selbst die internationalistisch und pazifistisch eingestellten Sozialdemokraten ließen sich von ihr mitreißen. Die Friedensbewegung, deren wichtigste Vertreterin Berta von Suttner (Friedensnobelpreis 1905) knapp vor dem Attentat gestorben war, erwies sich als schwach und unbedeutend.

So begann in einer Reihe von Automatismen der Bündnissysteme ein Krieg, der bald an vielen Fronten in Europa und Übersee geführt wurde – in Serbien, Rußland, Frankreich, Italien, den Meerengen und auf der hohen See. Italien entschloß sich zunächst zur Neutralität, dann nach den Londoner Verträgen – übrigens völlig konform mit den Bestimmungen des Dreibundvertrags – 1915 zum Kriegseintritt an der Seite der Entente, eine ähnliche Entscheidung fällte auch Rumänien. Zu den Mittelmächten stießen noch Bulgarien und das Osmanische Reich. Nicht nur die militärischen Schwierigkeiten wuchsen, sondern auch die inneren Probleme des habsburgischen Staates, der in Form einer militärischen Diktatur regiert wurde. Alle Menschenrechte wurden aufgehoben, die Aufstände der Bevölkerung (Streiks, Hungerrevolten, Militärrevolten) brutal niedergeschlagen, Deserteure einfach erschossen. Der Sohn des sozialdemokratischen Parteiführers Viktor Adler, Friedrich Adler, reagierte darauf mit einer aufsehenerregenden Tat. Er erschoß den Ministerpräsidenten Karl Graf Stürgkh und hielt im Prozeß gegen ihn eine flammende Anklagerede gegen die Zustände der Monarchie.

Nationale und soziale Unruhen häuften sich ab 1916. Der Tod Kaiser Franz Josephs, der für viele noch das einigende Band dargestellt hatte, machte die Situation nicht besser, und die oft etwas dilettantisch anmutenden, wenn auch ehrlich gemeinten Friedensbemühungen Kaiser Karls (1916–1918) konnten die Situation nicht mehr retten. Das entscheidende Jahr, das auch langfristige Folgen für das (kurze) 20. Jahrhundert haben sollte, war 1917. Der deutsche Generalstab hatte Lenin in Rußland eingeschleust, und die Oktoberrevolution brachte nachhaltige Veränderungen in Rußland, aber auch in den anderen Ländern Europas hervor, die man vorher nicht so abgeschätzt hatte. Rußland schloß einen Separat-Frieden in Brest-Litowsk, doch besserte das die Lage der Mittelmächte nicht entscheidend, da sich zunehmend eine Knappheit der Rohstoffe bemerkbar machte. Im selben Jahr 1917 erfolgte durch den Kriegseintritt der USA infolge des U-Bootkrieges nicht nur eine wirtschaftliche und militärische Stärkung der Entente, sondern auch eine weltpolitisch dauerhaft wirkungsmächtige Entscheidung zur Aufgabe der amerikanischen Isolation, welche die Rolle der USA im 19. Jahrhundert bestimmte. Amerika betrat die Bühne der Weltpolitik und hat sie seither nicht mehr verlassen.

Für die Habsburgermonarchie nahm der Krieg zunehmend existentielle Bedeutung an, denn das Ziel der Entente war eine Zerstörung der Monarchie, und auch der amerikanische Präsident Woodrow Wilson hatte vorgeschlagen, die Monarchie in «Nationalstaaten» aufzulösen. Noch bevor der Krieg mit dem Waffenstillstand am 3. November 1918 endete, begann der Abschuppungsprozeß des Staates; die Serben, Kroaten und Slowenen proklamierten den SHS-Staat (später Jugoslawien), die Polen lösten sich von der Monarchie, und am 14. Oktober 1918 wurde in Prag die Tschechoslowakische Republik proklamiert. Ein letzter Versuch Kaiser Karls, einen föderalistischen Bundesstaat zu bilden, kam zu spät. Die Monarchie war am Ende, und die Geschicke Österreichs standen nun unter einem ganz neuen Vorzeichen.

Politische Konflikte und Visionen der Ersten Republik

Mit dem Ende der Monarchie entstand eine völlig neue Lage; das heutige Österreich wurde vom Kern eines Großreiches zu einem eigenständigen Kleinstaat, dessen wirtschaftliche und politische Möglichkeiten gering waren. Der Staat, dessen Bürger nicht an ihn glaubten, war schwach, die beiden großen Parteien erwiesen sich als unfähig zur Zusammenarbeit, ihr ideologischer Konflikt verstärkte sich, und die Katastrophe war vorprogrammiert. Undemokratische Ideen waren an der Tagesordnung und führten zu einem österreichischen Faschismus, dessen Interpretation heute noch strittig ist. Mit dem Aufstieg des nationalsozialistischen Deutschland und dem präsenten Anschlußgedanken ergab sich eine neue – je nach Standpunkt – verlockende oder abstoßende politische Möglichkeit, die schließlich zum Ende dieses Staates führte, dessen selbstzerstörerischen Kräfte so stark waren.

Eine schwere Geburt

Als der Auflösungsprozeß der Habsburgermonarchie bereits in vollem Gange war, trafen sich am 12. November 1918 die deutschsprachigen Abgeordneten in Wien und riefen die Republik Deutschösterreich aus. Doch die Situation war nicht so klar, wie dieser einfache Satz es vermuten läßt, mehrere Optionen waren zu dieser Zeit gültig: Kaiser Karl war noch im Lande und hatte nicht abgedankt, sollte es auch nie tun, und die Ausrufung der Republik erfolgte parallel zu einem kommunistischen Putschversuch, in dem eine Räterepublik nach russischem Vorbild installiert werden sollte. Noch bis in den Frühling des Jahres 1919 blieben die Verhältnisse unübersichtlich. Der Staat nannte sich «Deutschösterreich», und das meinte einerseits, daß er alle deutschsprachigen Gebiete der Monarchie umfassen sollte, aber andererseits auch, daß dieses Land, dem Selbstbestimmungsrecht der Völker nach, ein Teil der Deutschen Republik sein wollte. Dieser geplante «Anschluß» von 1918, den eine große Mehrheit der Bevölkerung unterstützte, wurde von den Siegern des Ersten Weltkrieges verboten. Das Anschlußverbot im Vertrag von St. Germain – aber auch im Vertrag von Versailles mit Deutschland – stellte für den «Staat, den keiner wollte» und der sich als wirtschaftlich nicht lebensfähig erlebte, eine längerfristige Problematik dar.

Die Deutschnationalen, die in der provisorischen Nationalversammlung die Mehrheit hatten, und die Sozialdemokraten, die auf eine Stärkung ihrer Partei in der Einheit mit Deutschland, das viel weitergehend industrialisiert war, hofften, waren nachdrücklich für den Anschluß, die Christlichsozialen, bei denen einige Politiker auch die Fortsetzung der Monarchie befürworteten, sprangen dann auf diesen fahrenden Zug auf.

Im Februar 1919 fanden Wahlen nach einem neuen Wahlrecht (Proportionalwahlrecht) statt; erstmals waren auch die Frauen in Österreich wahlberechtigt. Die Sozialdemokraten gewannen mit fast 41% der Stimmen diese Wahlen knapp vor den Christlichsozialen (fast 36%) und den Deutschnationalen (ca. 18%). Diese Konstellation zweier fast gleichstarker Großparteien, von denen in den folgenden Wahlen die Christlichsozialen die Nase vorn haben sollten, und einer kleineren Partei, die tendenziell noch schwächer wurde, hielt sich nicht nur in der ganzen Ersten Republik, sondern auch noch nach 1945.

Die neue Regierung unter der Führung des Sozialdemokraten Karl Renner schaffte die Vorrechte der Habsburger (Kaiser Karl wurde ins Exil gezwungen) sowie den Adel und seine Titel ab. Die monarchistische Gefahr war gering, und nach dem gescheiterten Putschversuch der Kommunisten im April 1919 waren auch an dieser Front klare Verhältnisse geschaffen worden. Doch der junge Staat war mit großen Problemen konfrontiert. Die wirtschaftliche Situation war erbärmlich, es fehlte an Kohle und Lebensmitteln, der Hungerwinter 1918/19 und auch der darauffolgende Winter zählen zu den düstersten Jahren der Geschichte des Landes. Die Grenzen der Republik Österreich – der Bestandteil «Deutsch» wurde von den Ententemächten verboten – wurden im Vertrag von St. Germain festgelegt – nicht verhandelt, sondern diktiert. Der Anspruch auf die deutschböhmischen Gebiete, die südliche Steiermark (wo es eine deutsche Minderheit von ca. 76 000 Menschen gab) und auf das deutschsprachige Südtirol, ging ebenso verloren wie kleinere Gebietsforderungen (z. B. Kanaltal). Die Entscheidungen erfolgten nach dem Willen der Sieger, nicht nach dem proklamierten Selbstbestimmungsrecht der Völker. Österreich selbst hat diesen Grundsatz, den es sonst vehement einforderte, durchbrochen: Als sich Vorarlberg an die Schweiz anschließen wollte, verweigerte Wien die Zustimmung, denn dieses relativ reiche Bundesland (Textilindustrie) wollte man keinesfalls verlieren!

In zwei Fragen der Grenzziehung war Österreich – das neben Ungarn, das man im Vertrag von Trianon ebenfalls nicht sehr gut behandelte, als Nachfolgestaat der Monarchie definiert wurde – erfolgreich. Die Truppen des SHS-Staates, die in Südkärnten einmarschiert waren, trafen dort auf starken militärischen Widerstand (Kärntner Abwehrkampf), so daß man schließlich am 10. Oktober 1920 eine Volksabstimmung in der Zone A südlich von Klagenfurt/Celovec durchführte, die – trotz einer slowenischen Bevölkerungsmehrheit – für Österreich positiv endete, wodurch die geplante zweite Abstimmung in der Zone B nördlich der Landeshauptstadt entfallen konnte. Damit war zwar die Einheit des Landes Kärnten gewahrt geblieben, aber die Versprechungen, die man den Slowenen gemacht hatte, wurden niemals erfüllt, und bis heute ist das Minderheitenproblem in Kärnten keinesfalls gerecht gelöst. Einen zweiten Gebietsgewinn verdankte Österreich der Tatsache, daß der «Gegner» Ungarn ebenfalls einer der Verliererstaaten war, denn der SHS-Staat, Italien und auch die neugegründete Tschechoslowakei, deren Exilregierung der Habsburgermonarchie den Krieg erklärt hatte, wurden als Siegerstaaten gewertet. Das westungarische Grenzgebiet, die westlichen Teile der Komitate Preßburg/Bratislava, Wieselburg/Mosonmagyaróvár, Ödenburg/Sopron und Eisenburg/Vasvár waren vorwiegend deutschsprachig und wollten sich an Österreich anschließen. Das Gebiet wurde, mit Ausnahme der Umgebung von Ödenburg, wo eine nicht ganz saubere Volksabstimmung zugunsten Ungarns ausfiel, Österreich in den Pariser Friedensverträgen zugesprochen. Erst 1921 konnte dieses Bundesland Burgenland (alle vier Komitatsnamen enden auf -burg!) durch die Gendarmerie in heftigen Kämpfen gegen ungarische Guerillas erobert werden. Mit den Erfolgen im Burgenland und in Kärnten erhielt das neue Österreich – zusätzlich zu urbanen Minderheiten, wie etwa den Wiener Tschechen – drei Minderheiten, die Kroaten und Ungarn im Burgenland und die Slowenen in Kärnten. Selbst der Verliererstaat, der von den Siegern wahrlich nicht gut behandelt wurde, war also kein «Nationalstaat», ebenso wenig wie die anderen Nachfolgestaaten der Monarchie, die alle kleine Vielvölkerstaaten, Miniaturabbildungen der alten Monarchie waren, in denen sich nur die Mehrheits- und Machtverhältnisse der einzelnen Nationalitäten geändert hatten.

Wirtschaftlich war die Lage katastrophal und die Inflation unvorstellbar. Während die Sozialdemokraten eine Besteuerung der Reichen als Mittel zur Behebung der Schwierigkeiten vorschlugen, setzte sich letztlich der christlichsoziale Parteiführer Prälat Ignaz Seipel durch, der die Lösung des Problems in internationalen Anleihen sah. Durch eine Reihe von solchen Anleihen bei Nachbarn – mit dem Höhepunkt 1922 in den Genfer Protokollen – besserte sich die Lage der Finanzen; die Seipel-Sanierung brachte zwar eine Bestätigung des Anschlußverbotes, die viele Österreicher ablehnten, und hatte zur Folge, daß die Finanzen des Staates unter die Kontrolle des Völkerbundes gestellt wurden und zu den harten Maßnahmen im Inneren (Abbau von Beamten) führte, aber letztlich war sie erfolgreich. Mit der Einführung der Schillingwährung 1925 wurde eine Hartwährungspolitik («Alpendollar») betrieben, und die Wirtschaft begann sich zu erholen. Erst die Weltwirtschaftskrise und die steigenden inneren Spannungen der politischen Parteien brachten diese Entwicklung wieder in Gefahr.

Kampf der ideologischen Gegner

Die in den deutschsprachigen Teilen der Habsburgermonarchie entstandenen Massenparteien dominierten auch die Politik der Ersten Republik, wobei die Deutschnationalen zu einer relativ kleinen, aber angesichts der Unfähigkeit der beiden anderen Parteien zur Zusammenarbeit nicht unbedeutenden Gruppe geworden waren.

Die beiden großen Parteien kooperierten nur in der Krisensituation unmittelbar nach 1918, und die Sozialdemokraten setzten bei dieser Gelegenheit auch eine Reihe von sozialen Maßnahmen (Achtstundentag, Urlaub, Arbeitslosenversicherung, Verankerung von Gewerkschaften und Betriebsräten) durch, doch war diese Koalition von kurzer Dauer. Immerhin konnte mit der Verfassung von 1920, die Hans Kelsen entwarf, ein Kompromiß zwischen Zentralismus und Föderalismus gefunden werden; die Trennung Wiens von Niederösterreich schuf auch ein sozialdemokratisch dominiertes unter den neun Bundesländern.

Die Ideologien der beiden großen Parteien standen sich diametral gegenüber. In der Sozialdemokratie dominierte der linke Flügel der Partei, der marxistische Ideen vertrat, allerdings in einer sehr spezifischen, von den Gedanken Kants und der Aufklärung beeinflußten Form. Politisch stand dieser Austromarxismus zwischen der Zweiten (Sozialdemokratischen) und der Dritten (Kommunistischen) Internationale. Die Revolution, die zur klassenlosen Gesellschaft führen sollte, wurde bejaht, allerdings sollte sie von den «neuen Menschen» – hier kommt deutlich das Erbe der Aufklärung zur Geltung – gestaltet werden, die es heranzubilden galt. In ihrer politischen Phraseologie war die Sozialdemokratische Partei hart und radikal, in ihrer Politik eher gemäßigt; aber die Phrasen reichten, um das Bürgertum zu verschrecken.

Innerhalb der Christlichsozialen Partei hatte es 1918 mehrere Meinungen zur neuen Staatsform gegeben, doch wurde der monarchistische Flügel zurückgedrängt, und eine republikanisch orientierte Gruppe beherrschte die Partei. Zunehmend geriet diese demokratisch republikanische Haltung allerdings ins Wanken; in den späten 20er und frühen 30er Jahren erlebte die Christlichsoziale Bewegung einen heftigen Rechtsruck und der antiparlamentarische Gedanke mit dem Ziel eines faschistischen Einparteienstaates – nach dem Vorbild von Mussolinis Italien – gewann an Terrain. Die Töne waren vor allem in den bewaffneten Verbänden, die beide Parteien besaßen, lautstark und extrem. Aus den Frontkämpfervereinigungen nach dem Ersten Weltkrieg hatten die Christlichsozialen ihre Heimwehr gebildet, die vom faschistischen Italien finanziell und mit Waffen unterstützt wurde, und als Reaktion darauf schuf man auf sozialdemokratischer Seite den republikanischen Schutzbund, der ebenfalls weniger gemäßigt war als die Partei.

Die beiden Parteiführer, der Universitätsprofessor und Priester Ignaz Seipel, der strikt antimarxistisch eingestellt war, und der führende intellektuelle Austromarxist Otto Bauer waren nicht fähig, miteinander Kompromisse zu schließen; der Haß prägte das politische Klima der Ersten Republik.

Zu einem ersten ernsthaften Zusammenstoß kam es 1927 in Schattendorf (einem kleinen Ort im Burgenland), wo Mitglieder der Heimwehr auf Gruppen des Schutzbundes schossen und dabei einen alten Mann und ein Kind töteten. Die Männer wurden vor Gericht gestellt und freigesprochen. Ein Aufschrei der Empörung ging durch die Sozialdemokratische Partei.

Eine Protestdemonstration vor dem Justizpalast am 15. Juli 1927 endete damit, daß der Justizpalast in Flammen aufging und Polizei und Armee in die Menge der unbewaffneten Demonstranten schossen; es gab viele Tote und Verwundete. Bundeskanzler Seipel («Prälat ohne Milde») und der den Deutschnationalen nahestehende Wiener Polizeipräsident Johann Schober («Arbeitermörder») waren für diese Aufschaukelung der Spannungen verantwortlich.

Die Verhärtung der Fronten zeigte sich deutlich in der Politik der Folgejahre. Die Heimwehren verlangten immer klarer die Ausschaltung der Sozialdemokraten und das Ende der Demokratie. Im Korneuburger Eid im Mai 1930 positionierten sie sich eindeutig: «Wir greifen nach der Macht im Staate. Demokratie und Parlamentarismus lehnen wir ab. Wir bekennen uns zu den Grundsätzen des Faschismus.» Die Gründung der Ostmärkischen Sturmscharen, die Elemente monarchistischer Gesinnung enthielten, unter Kurt (von) Schuschnigg und der gescheiterte Heimwehrputsch (Pfrimerputsch) 1931 sind ebenfalls Symptome der politischen Stärkung der Reaktion.

Den bedrohlich wirkenden Hintergrund der Situation bildete der Aufstieg des Nationalsozialismus in Deutschland – eine Bewegung, die auch in Österreich steigenden Zulauf hatte. Bei den Wahlen im November 1930 erlebten die Christlichsozialen ein Trauma. Die Sozialdemokraten wurden zur stärksten Partei – obwohl die Christlichsozialen und die Heimwehren, die bei dieser Wahl separat kandidiert hatten, zusammen mit den Deutschnationalen immer noch regierungsfähig waren. Die Nationalsozialisten erhielten etwa 100 000 Stimmen, allerdings auf Grund des Wahlrechtes kein Mandat. Als sich in den folgenden Regionalwahlen die Erfolge der Nationalsozialisten mehrten, war es zunehmend das Bestreben der Christlichsozialen, bei denen ein Generationswechsel stattgefunden hatte (Seipel war 1932 gestorben und Engelbert Dollfuß wurde Bundeskanzler), Neuwahlen zu verhindern. Die Weichen für das Ende der jungen Demokratie in Österreich waren gestellt.

Das Rote Wien

Wien war bis zum Ersten Weltkrieg eine Hochburg der Christlichsozialen; nach 1918 hatten (und haben) die Sozialdemokraten die Mehrheit in der Stadt, die im Jahre 1920 von dem umliegenden Land Niederösterreich getrennt worden war und damit ein eigenes Bundesland bildete. In Wien konnten die Sozialdemokraten viele der Vorstellungen, die sie entwickelt hatten, verwirklichen. In den 20er und frühen 30er Jahren entstand so das «Rote Wien», das in bewußtem Gegensatz zur bürgerlichen Welt stand.

Die kommunalen Versorgungsleistungen, die schon unter den Christlichsozialen gut funktionierten (Trinkwasser, Elektrizität und Gas, öffentlicher Verkehr), wurden um eine soziale Aufgabe erweitert: Unübersehbarer Ausdruck des Roten Wien waren die Gemeindebauten, die allenthalben in der Stadt errichtet wurden und die Wohnsituation des Proletariats erheblich verbesserten. Zwischen 1925 und 1934 entstanden über dreihundert Wohnhausanlagen mit 64 000 Wohnungen. Bekannte Bauten wie der Karl-Marx-Hof, der Friedrich-Engelshof, der Schlingerhof, der Goethe-Hof oder der Reumannhof, um nur einige wenige zu nennen, waren nicht nur architektonisch modern, sondern boten auch mit Gemeinschaftswaschküchen, Kindergärten, Freibädern und Spielplätzen für Kinder neue Lebenswelten an.

Als weniger sichtbar, aber als um so weitsichtiger geplant, erwiesen sich die Maßnahmen, die man auf dem Gebiete der Bildung durchführte, die ja im aufklärerisch orientierten Austromarxismus eine große Rolle spielte. Volkshochschulen und Parteihochschulen, an denen hochrangige Intellektuelle wirkten, gehörten ebenso dazu wie die Errichtung von Arbeiterbüchereien, durch die man das Leseverhalten der Arbeiterklasse verbessern wollte. Auch im Bereich der Schule – soweit sie Landessache war (Volks- und Bürgerschulen) – wurden die Grundsätze der Pädagogik von Otto Glöckel, der eine Arbeitsschule forderte, verwirklicht.

Eine wesentliche Rolle in der Erziehung des neuen Menschen, der in Zukunft die klassenlose Gesellschaft verwirklichen sollte, kam der Idee des Kollektiven zu. Sport etwa sollte nicht im Sinne der bürgerlichen Gesellschaft Konkurrenz um den Sieg sein, sondern gemeinsames Tun, das dazu beitrug, das kollektive Bewußtsein zu stärken. 1931 veranstaltete man in Wien Olympische Spiele für Arbeiter – hier kommt auch der Gedanke des Internationalismus ins Spiel –, an denen 100 000 Menschen teilnahmen.

Die bürgerliche Kultur wurde abgelehnt, ihre Feste ersetzte man durch andere, allen voran natürlich durch die Einführung des 1. Mai, an dem die Sozialdemokraten in Aufmärschen ihre Stärke demonstrierten, aber auch der 12. November als Tag der Republikgründung sowie die Geburtstage von Marx und Engels wurden gefeiert. Diese Gegenkultur zur bürgerlichen Welt, die ja in Wien nach wie vor beherrschend blieb, stand den bürgerlichen Parteien als ein Schreckgespenst vor Augen, das es zu bekämpfen galt.

Auch im gesellschaftspolitischen Bereich waren die Sozialdemokraten tätig und propagierten neue Menschenbilder, wie das der emanzipierten, sportlichen Frau und das des atheistischen, bildungshungrigen Arbeiters, der in kollektiven Gruppen von der Wiege bis zur Bahre an die Partei gebunden war. Von den Kinderfreunden über die sozialistische Arbeiterjugend, über Partei und Gewerkschaft bis zum Sterbeverein «Die Flamme» (die Kremation war ein heftig umstrittenes Thema des Kulturkampfes der Ersten Republik) reichte das Spektrum der Aktivitäten.

Diese Entwicklungen, die eine Reihe von sehr interessanten Ansätzen zeigten, wurden mit den Ereignissen der Jahre 1933/34 jäh unterbrochen. Nach 1945 fand die Sozialdemokratische (bzw. Sozialistische) Partei nie mehr zu diesem visionären Zukunftsprogramm der Zwischenkriegszeit zurück.

Der Weg in den Austrofaschismus

Die Christlichsozialen regierten (mit der Unterstützung der Deutschnationalen) seit dem Bruch der Koalition mit den Sozialdemokraten in der jungen Republik. Im Laufe der Jahre war es ihnen gelungen, alle wichtigen Machtinstrumente in die Hand zu bekommen. Polizei und Armee waren von «unzuverlässigen» (sprich: linken) Elementen gesäubert worden und standen geschlossen hinter der konservativen Regierung.

Nach den Wahlen 1930 gewann in der Regierung die Idee an Boden, daß man Neuwahlen verhindern oder zumindest aufschieben müsse. Radikalere Elemente verlangten nach der Ausschaltung der politischen Gegner, riefen nach dem «starken Mann» – dem Dollfuß zumindest in Anbetracht seiner Körpergröße keineswegs entsprach, er wurde spöttisch «Millimetternich» genannt – und der Einführung faschistischer Strukturen.

Am 4. März 1933 bekam die Regierung Dollfuß durch einen Zufall eine Chance. Bei einer Abstimmung in einer turbulenten Sitzung im Parlament war es zum Streit um die Gültigkeit einer Stimme gekommen, die Wahl mußte wiederholt werden, und aus strategischen Gründen – der Präsident des Hauses darf nicht mitstimmen – traten zunächst der sozialdemokratische Nationalratspräsident Karl Renner, dann der christlichsoziale zweite Präsident und schließlich aus nicht ganz nachvollziehbaren Gründen auch der dritte, deutschnationale Präsident zurück. Die Abgeordneten gingen verwirrt nach Hause. Die Regierung ergriff diese Gelegenheit, sprach von «Selbstauflösung des Parlamentes», verhinderte einen neuen Zusammentritt des Hohen Hauses, beeinflußte den ebenfalls christlichsozialen Bundespräsidenten Wilhelm Miklas, keine Neuwahlen auszuschreiben, und als die Sozialdemokraten den Verfassungsgerichtshof anriefen, nützte man diese Gelegenheit zur weiteren Demontage der Demokratie. Die christlichsozialen Mitglieder des Obersten Gerichtshofes traten zurück, und der Gerichtshof wurde damit ebenfalls ausgeschaltet. Zugleich kam es zu Verboten von Parteien; die Kommunisten und auch die Nationalsozialisten wurden in die Illegalität gedrängt. Die Sozialdemokratische Partei, die ja im Roten Wien noch eine starke Position hatte, blieb zwar unangetastet, aber der Republikanische Schutzbund und einige andere Organisationen wurden verboten. Deutlich mehrten sich schon beim Katholikentag im Herbst die Anzeichen, daß man auf diesem Weg der Beseitigung der Gegner weitergehen wollte. Am 11. Februar 1934 kündigte der Innenminister und Heimwehrführer Emil Fey in einer Heimwehrversammlung den Schlag gegen die Sozialdemokraten an, der in den Morgenstunden des 12. Februar in Linz begann. Die Parteiführung der Sozialdemokraten hatte zur Zurückhaltung aufgerufen, die Führung des Schutzbundes – allen voran der Linzer Schutzbundführer Richard Bernaschek – wollten Widerstand leisten. Die ersten Schüsse fielen, und ein kurzer, blutiger Bürgerkrieg begann. Die durch Verhaftungswellen geschwächten und schlecht organisierten Sozialdemokraten wehrten sich in Oberösterreich und der Obersteiermark, vor allem aber in Wien, wo die Gemeindebauten von Armee und Polizei, die auch Artillerie einsetzten, belagert wurden. 200 Tote und 300 Verwundete auf seiten des Schutzbundes wurden gezählt, viele Sozialdemokraten, darunter die Parteiführung, gingen in die Tschechoslowakei ins Exil (Brünner Büro der Sozialdemokratie), viele der anderen wurden verhaftet, neun Führer des «Aufstandes», darunter Karl Münichreiter, Georg Weissel und Koloman Wallisch, die zu Helden- und Märtyrerfiguren werden sollten, wurden hingerichtet.

Der erste bewaffnete Widerstand in Europa gegen den Faschismus war damit gescheitert. Die Sozialdemokratische Partei und alle ihre Unterorganisationen wurden verboten; am 1. Mai 1934 wurde «im Namen Gottes» eine Verfassung ausgerufen, die keine demokratischen Institutionen mehr kannte, sondern auf autokratischen Führungsstrukturen aufgebaut war. Die Organisation des Staates erfolgte auf Grund der Berufsstände, die in beratenden Gremien saßen, deren Mitglieder von der Einheitspartei, die sich als «Vaterländische Front» bezeichnete, ernannt wurden. Am selben Tag wurde auch ein Konkordat mit dem Heiligen Stuhl – das über weite Strecken heute noch gültig ist – verkündet, der Preis für die starke Unterstützung der Kirche dieses neuen Staatssystems, das im übrigen nicht sehr populär war.

Sicherlich war der Austrofaschismus – von den Konservativen meist als Ständestaat oder autoritäre Staatsform definiert – keineswegs mit dem Nationalsozialismus in seiner Unmenschlichkeit vergleichbar, aber das darf nicht darüber hinwegtäuschen, daß die beiden Systeme durchaus ähnliche Ansichten zu verschiedenen Themen (Antimarxismus, Antisemitismus etc.) pflegten und auch ähnliche menschenverachtende Methoden (z. B. Anhalte- bzw. Konzentrationslager zur Unterdrückung politischer Gegner) einsetzten. Doch im Gegensatz zur NS-Zeit, bei der spätestens in den 1980er Jahren eine «Vergangenheitsbewältigung» einsetzte, ist die Zeit des Austrofaschismus immer noch ein Tabuthema in der österreichischen Politik und Öffentlichkeit.

Die Deutschnationalen, der Aufstieg der NSDAP und der Anschluß

Die Deutschnationalen hatten während der Ersten Republik großteils mit den Christlichsozialen kooperiert und waren politisch gesehen nicht sehr einflußreich. Mit dem Aufstieg des Nationalsozialismus in Deutschland entstand ihnen auch in Österreich eine übermächtige Konkurrenz. In den 1930er Jahren löste sich das alte deutschnationale Lager weitgehend auf und ging in das Zeichen des Hakenkreuzes über. Die Nationalsozialistische Partei hatte nicht nur politische Erfolge bei Wahlen, sondern ihre Unterorganisationen (SS, SA) destabilisierten den Staat auch durch Attentate und Terror. 1933 wurde die NSDAP in Österreich zwar verboten, blühte aber in der Illegalität, außerdem gingen viele Nationalsozialisten nach Deutschland und bildeten dort die «Österreichische Legion».

Am 25. Juli 1934 unternahmen die österreichischen Nationalsozialisten einen Putschversuch. Als Soldaten verkleidete Angehörige einer illegalen SS-Standarte drangen ins Bundeskanzleramt ein und nahmen die anwesenden Regierungsmitglieder, darunter Bundeskanzler Dollfuß, der bei einem Fluchtversuch erschossen wurde, gefangen. Durch die Besetzung der RAVAG, der Rundfunkstation, konnte man verkünden, daß Dollfuß zugunsten des Nationalsozialisten Anton Rintelen abgedankt hätte. Doch der Putsch fiel schnell in sich zusammen, da noch mehrere Regierungsmitglieder frei und handlungsfähig waren. Außenpolitisch war die Schutzmacht des faschistischen Österreich, Mussolinis Italien, aktiv und konzentrierte Truppen an der Grenze, so daß Hitler in seiner Unterstützung für die Putschisten zurückhaltend sein mußte.

Dollfuß wurde als Opfer des Nationalsozialismus zum Märtyrer stilisiert, und wird es auch heute noch. Die Macht übernahmen Kurt Schuschnigg und der Heimwehrführer Ernst Rüdiger Starhemberg, der allerdings 1936 weitgehend isoliert wurde. Das Hauptproblem Schuschniggs war zweifellos das Verhältnis zu Deutschland, das Österreich heftig unter Druck setzte, z. B. indem es die 1000-Mark Sperre verhängte, aufgrund deren deutsche Staatsbürger bei der Einreise nach Österreich zur Kasse gebeten wurden. Lange Zeit gerierte sich das Italien Mussolinis als verläßlicher Partner Österreichs in der internationalen Politik, aber als Folge des Abessinienkrieges rückten die beiden großen faschistischen Mächte Europas näher zusammen – die Achse Berlin–Rom bildete sich aus. Damit schwand die kollektive Sicherheitsgewähr für die Unabhängigkeit Österreichs, wie sie noch 1935 in der Stresakonferenz garantiert wurde, und der Druck des nationalsozialistischen Deutschland nahm zu. Eine erste Folge war das sogenannte Juliabkommen (11. Juli 1936), in dem Österreich eine Reihe von Zugeständnissen machen mußte; unter anderem mußten die inhaftierten Nazis freigelassen werden, Österreich mußte sich als «Deutscher Staat» bekennen und die nationalsozialistische Propaganda durfte nicht länger unterbunden werden. Weder die Großmächte noch die Nachbarstaaten unterstützten die Bemühungen Österreichs um Selbständigkeit – ganz im Gegenteil, der Anschluß an Deutschland galt vielen als wünschenswert. Im Inneren war die Unzufriedenheit mit dem austrofaschistischen System, das die wirtschaftlichen Probleme, vor allem die Arbeitslosigkeit, nicht in den Griff bekam, groß, und viele blickten unverhohlen nach Deutschland, wo im Rahmen der Aufrüstungspolitik ein offensichtlicher, wenn auch trügerischer wirtschaftlicher Aufschwung attraktiv wirkte.

In diesem Klima kam es im Februar 1938 zu einem Treffen zwischen Schuschnigg und Hitler in Berchtesgaden, bei dem dieser massiv mit einer militärischen Intervention drohte. Schuschnigg mußte nachgeben und den Führer der österreichischen Nationalsozialisten, Arthur Seyß-Inquart, in sein Kabinett aufnehmen. Nach seiner Rückkehr kündigte Schuschnigg eine Volksabstimmung über «Anschluß oder Unabhängigkeit» Österreichs an, die eine weitere Krise auslöste. Aufgrund eines deutschen Ultimatums dankte Schuschnigg zugunsten von Seyß-Inquart ab; die Nationalsozialisten hatten «legal» die Macht übernommen. Gleichzeitig mit dem Regierungswechsel marschierten deutsche Truppen in Österreich ein, es wurde kein einziger Schuß abgefeuert; ganz im Gegenteil – in weiten Teilen des Landes wurden die einmarschierenden Nazis enthusiastisch begrüßt. Das Land Österreich gab es nicht mehr, es war «heimgekehrt ins Reich» und ein Teil des nationalsozialistischen Herrschaftsgebietes geworden.

Österreich als Teil des nationalsozialistischen Deutschland

Opfer und/oder Täter?

Beim Anschluß des Jahres 1938 wurde – ebenso wie nach 1945 für die gesamte Zeit der NS-Herrschaft – von seiten der offiziellen Politik in Österreich gerne die Opferrolle des Landes betont. Sicherlich war Österreich auch Opfer der aggressiven nationalsozialistischen Politik, wie es die Formulierung der Alliierten im Moskauer Memorandum 1943 nahelegte, aber die Begeisterung vieler für den Anschluß und die sofort einsetzende Verfolgung der jüdischen Bürgerinnen und Bürger läßt diese Zeit in einem anderen Licht erscheinen. Viele Österreicher waren 1938 und auch danach nicht Opfer des Regimes, sondern Täter für das Regime.

Die Machtergreifung erfolgte rasch und kompromißlos, in den ersten Tagen wurden Tausende von Österreicherinnen und

Österreichern verhaftet und im KZ Dachau interniert. Eine Volksabstimmung über den Anschluß brachte die in Diktaturen übliche Mehrheit von fast 100%. Die Eigenständigkeit des Landes und sein Name verschwanden, man verwendete zunächst den Begriff «Ostmark» und dann ab 1940 die Bezeichnung «Alpen- und Donau-Reichsgaue». Schon im April 1938 wurde Seyß-Inquart durch Gauleiter Joseph Bürckel abgelöst, was zugleich ein Symbol für die Gleichschaltung und Unterordnung unter das «Altreich» war.

Als Teil des nationalsozialistischen Deutschland vollzog Österreich alle Entwicklungen der Zeit mit, von denen der Beginn des Zweiten Weltkrieges am 1. September 1939 die entscheidendste war. Fast eine Viertelmillion Österreicher fiel in diesem schrecklichen Krieg, über 100 000 kehrten schwer kriegsgeschädigt wieder heim, fast eine halbe Million geriet in Kriegsgefangenschaft. Auch die Verluste der Zivilbevölkerung waren groß: 24 000 Zivilpersonen in Österreich kamen bei alliierten Bombenangriffen und in Kampfhandlungen ums Leben.

Opfer fanden sich also in vielen Bereichen, aber ebenso auch Täter, denn nicht nur Adolf Hitler selbst, sondern auch viele Offiziere der Wehrmacht kamen aus Österreich – allein 240 Generäle, viele SS-Männer und Polizeiführer, und auch viele der Kriegsverbrecher, die am Massenmord in den Vernichtungslagern beteiligt waren, stammten aus diesem Land. Nach 1945 wurden 537 632 Personen als Mitglieder der NSDAP, der SS oder anderer verbrecherischer Organisationen erfaßt, von denen zwar viele «nur» Mitläufer waren, doch darf nicht übersehen werden, daß andererseits viele der führenden Vertreter des Systems in der Endphase des Krieges entweder gestorben waren oder sich absetzen konnten.

Nach 1945 kultivierte man im kollektiven Gedächtnis die Opferrolle, blendete diese Jahre jedoch weitgehend aus dem Bewußtsein aus, und erst sehr spät – zunächst zögernd 1968 und dann im Zuge der Waldheim-Affäre 1986 – begann eine «Vergangenheitsbewältigung» zu greifen, die endlich auch die Schulen und die Öffentlichkeit erreichte.

Die Shoa und ihre Folgen für Österreich

Antisemitismus war für Österreich kein Phänomen, mit dem man erst in der Zeit der nationalsozialistischen Herrschaft Bekanntschaft machte; die Christlichsozialen und die Deutschnationalen waren antisemitisch eingestellt, auch der Austrofaschismus hat einen lautstarken, allerdings noch keinen – im engeren Sinne des Wortes – mörderischen Antisemitismus vertreten. Mit dem Anschluß änderten sich die Lebensbedingungen für die jüdische Bevölkerung dramatisch. Eine «Säuberung» unter den Beamten, den Lehrern und an den Universitäten begann, Tausende verloren ihre materielle Lebensbasis, gleichzeitig kam es zur «Arisierung» von Wohnungen und Geschäften, bei der Neid, Haß und Gier der Nachbarn zum Tragen kamen. «Arisierung» war nichts anderes als eine legalisierte Form von Diebstahl und Raub des Eigentums jüdischer Mitbürgerinnen und Mitbürger, die sich im Zustand völliger Entrechtung nicht dagegen wehren konnten. Rund zwei Drittel der nach den von Grund auf verbrecherischen Nürnberger Rassengesetzen als «jüdisch» eingestuften Österreicherinnen und Österreicher gingen in die Emigration (ca. 136 000 Menschen). Doch 1939 lebten in Wien noch immer – nach der Definition der Nürnberger Gesetze – 91 000 «Volljuden» und 22 000 «Mischlinge» – die meisten von ihnen fielen der industriell organisierten, historisch ohne Vergleich gebliebenen Vernichtung während der Terrorherrschaft des Nationalsozialismus zum Opfer.

In Österreich gab es ein Konzentrationslager in Mauthausen mit 49 Nebenlagern, in dem vor allem politische Häftlinge die Hauptmasse der Lagerinsassen bildeten. Etwa 100 000 Menschen fanden hier in den Steinbrüchen, auf der sogenannten Todesstiege, oder im Lager selbst den Tod – Menschen unterschiedlicher Nationen, unterschiedlicher politischer, religiöser oder sexueller Orientierung waren Opfer dieses Lagers. Auch andere Gruppen wie z. B. Behinderte (für sie gab es ein Vernichtungslager im Schloß Hartheim in Oberösterreich) oder Roma und Sinti («Zigeuner»), für die es ein Lager in Lackenbach im Burgenland gab, wurden systematisch umgebracht.

Nach dem Krieg war die ehemals große jüdische Minderheit Österreichs nicht mehr existent, die meisten hatten den Holocaust nicht überlebt. Nur wenige von denen, die mit dem nackten Leben davongekommen waren, kehrten aus der Emigration zurück. Österreich erlebte in dieser dunkelsten Zeit seiner Geschichte auch auf intellektuellem Gebiet einen gewaltigen Aderlaß, denn viele der Vertriebenen (wie Sigmund Freud, Franz Werfel, Karl Popper, Arnold Schönberg, Stefan Zweig) und Getöteten (z. B. Jura Soyfer) hatten kulturell und intellektuell Österreich in der Zeit vor 1938 geprägt. Heute werden dieselben, die man damals lieber tot als lebendig gesehen hätte, wieder als Persönlichkeiten österreichischer Identität stilisiert.

Widerstand

Widerstand gegen das Dritte Reich zu leisten war schwierig, nicht selten lebensgefährlich. In Österreich waren die Antifaschisten schon seit 1933 im Visier der Behörden, und da die neuen Herren die alten Archive (und häufig auch das Personal der Polizei) übernahmen, war es leicht, potentielle Widerstandskämpfer schnell auszuschalten. Dennoch wurde von ganz verschiedenen Seiten Widerstand gegen das Dritte Reich – und was man nie vergessen sollte auch bereits zuvor gegen den Austrofaschismus – geleistet.

Die bedeutendsten Kräfte des Widerstandes waren die Kommunisten und Revolutionären Sozialisten (also jene, die nach 1934 im Lande geblieben waren und schon gegen den Austrofaschismus gekämpft hatten). Widerstand gab es aber auch von vielen anderen Gruppen, z. B. aus den Reihen der Christlichsozialen, Monarchisten und Priester (von denen etwa 20 exekutiert wurden). Auf dem Gebiet des späteren Jugoslawien gab es fünf Bataillone, die als Partisanen gegen den Nationalsozialismus kämpften. Insgesamt wurden 2700 Widerstandskämpferinnen und Widerstandskämpfer hingerichtet. 16 000 Österreicher (die nicht jüdischer Herkunft waren) starben in Konzentrationslagern, 10 000 in Gestapogefängnissen. In der Endphase des Krieges wurde die Kritik an den Deutschen («Piefkes») deutlicher, patriotische Gruppen bildeten sich, die wichtigste davon die Gruppe O5 (5 steht für den fünften Buchstaben im Alphabet «E», das ganze Kürzel also für OE – wie Oesterreich), die aber ähnlich wie die anderen Widerstandsgruppen nach 1945 keine wesentliche Rolle in der Politik der Zweiten Republik spielten.

Die Zweite Republik

Als 1945 die Republik Österreich wieder entstand, hatte sich vieles gegenüber der Ersten Republik geändert, die Menschen glaubten an den kleinen Staat, die Parteien waren bereit zur Zusammenarbeit, und wirtschaftlich ging es nach den Tiefen der unmittelbaren Nachkriegszeit rasch aufwärts. So ist die Zeit der Zweiten Republik, die bis heute andauert, eine bislang relativ friedliche gewesen, deren Konflikte nicht mit Gewalt ausgetragen wurden.

Wiedererstehen 1945 und Wiederaufbau

Anfang April erreichten die sowjetischen Truppen Wien, wo es zu einem erbitterten Kampf kam, bei dem fast 40 000 Menschen den Tod fanden – erst gegen Ende April rückten die westlichen Alliierten in den westlichen Bundesländern ein. Noch bevor der Krieg zu Ende war, wurde allerdings der Staat Österreich wieder ins Leben gerufen. Über russische Truppen kam Karl Renner, der Staatskanzler der Ersten Republik und letzter Nationalratspräsident 1933, in Kontakt mit Moskau und konnte am 27. April 1945 die Zweite Republik proklamieren. Kurz zuvor hatten sich die beiden Großparteien und auch die Kommunistische Partei neu konstituiert. Renner bildete mitten im Chaos der letzten Kriegstage eine Regierung, in der die SPÖ (Sozialisten), die ÖVP (Österreichische Volkspartei, die in Kontinuität zu den Christlichsozialen stand) und die KPÖ (Kommunistische Partei) vertreten waren.

Nach dem Ende des Krieges wurde Österreich von den Alliierten Mächten besetzt, wobei zunächst der gesamte Osten von der Roten Armee okkupiert war. Die Regierung Renner, die zunächst nur von den Sowjets anerkannt wurde, konnte jedoch bereits im September (Salzburger Länderkonferenz) ihren Einfluß auf ganz Österreich ausdehnen, ein wesentlicher Schritt zur Erhaltung der Einheit des Landes. Im November fanden unter schwierigen Umständen Wahlen statt, die der ÖVP eine absolute Mehrheit (85 Mandate) brachte; auch die SPÖ hatte 76 Mandate, während die Kommunisten – vor dem Hintergrund der Vergewaltigungen und Plünderungen der Roten Armee – nur 4 Mandate erreichten. Damit zeigte sich die Loyalität der Bevölkerung zu den alten Parteien, unbeschadet der austrofaschistischen Vergangenheit der Konservativen.

Die Situation, mit der die Regierung konfrontiert war, erwies sich als überaus schwierig: Hunger herrschte im Land und Energiemangel, durch alliierte Bombenangriffe und Kriegshandlungen waren viele Gebäude zerstört worden, 1,6 Millionen Flüchtlinge zogen durch das Land, fast eine halbe Million Männer war noch in alliierter Kriegsgefangenschaft, ein guter Teil der Bevölkerung war aufs engste mit dem NS-System verstrickt gewesen. Die Entnazifizierung begann energisch, Kriegsverbrecher wurden vor Volksgerichtshöfe gestellt, viele hingerichtet; andere aus dem öffentlichen Bereich verloren ihre Posten, die «Minderbelasteten» mußten Sühneleistungen im Wiederaufbau erbringen. Aber bald verlor sich der Schwung des Neuanfangs, die Zahl der Volksgerichtsprozesse sank, eine Amnestie im April 1948 integrierte die Minderbelasteten wieder in die Gesellschaft, sie wurden wieder angestellt und erhielten auch das Wahlrecht zurück, das man ihnen 1945 aus gutem Grund verweigert hatte. Unmittelbare Folge davon ist die Gründung einer Partei, die in der Tradition der alten Deutschnationalen stand. Da die ÖVP hoffte, die Stimmen der ehemaligen Nationalsozialisten für sich zu gewinnen, war es vor allem die SPÖ, die eine «Vierte Kraft» (VdU = Verband der Unabhängigen, später dann FPÖ = Freiheitliche Partei Österreichs) befürwortete. In den Wahlen des Jahres 1949 errang diese Partei 16 Mandate, die ziemlich gleichmäßig von

ÖVP und SPÖ kamen. Damit war auch die politische Konstellation der Ersten Republik wiederhergestellt, allerdings mit einem Unterschied: Die beiden großen Parteien bildeten eine große Koalition, arbeiteten bis 1966 zusammen, und die Politik beruhte nicht zuletzt auf dem Konsens der Sozialpartner (Sozialpartnerschaft), was zur inneren Stabilität erheblich beitrug. Die Nachteile dieses Systems der Sozialpartnerschaft und der Großen Koalition sollten sich später zeigen: mangelnde Konfliktkultur, Proporzsystem bei der Postenvergabe und eine Verfilzung und Politisierung weiter Teile der Gesellschaft und Wirtschaft.

Mit der Annahme des ERP-Programmes (*European Recovery Programm*), das der amerikanische Senator George Marshall vorgeschlagen hatte und mit dessen Hilfe die Wirtschaft Europas aufgebaut werden sollte (Österreich bekam Güter im Wert von 280 Millionen Dollar), ging Österreich klar den Weg in eine westlich orientierte, kapitalistische Gesellschaft. Die Nachbarstaaten Tschechoslowakei, Ungarn und (wenn auch unter anderen Umständen) Jugoslawien waren ja in dieser Zeit zu kommunistischen Volksrepubliken geworden, und der Eiserne Vorhang hatte sich gesenkt. In Österreich kam es zu keiner ähnlichen Entwicklung, ein letzter (in der Forschung umstrittener) Versuch der kommunistischen Machtergreifung in einem Streik und Putschversuch 1950 scheiterte.

Wirtschaftlich ging es nach ersten schwierigen Jahren ab 1949 aufwärts; der Wiederaufbau griff, Vollbeschäftigung und Wirtschaftswachstum waren und blieben lange die Schlüsselbegriffe. Kraftwerke wurden gebaut, eine schlagkräftige Stahlindustrie geschaffen und der Tourismus ausgebaut. Was die neuen Kraftwerke, Skilifte und Industrieanlagen an Umweltschäden anrichteten, wurde nicht gesehen, die Fortschrittsgläubigkeit war die Ideologie der Zeit, die Kritik an manchen Phänomenen setzte erst ab den 1980er Jahren ein.

Der Staatsvertrag 1955

Ein wesentliches politisches Problem des Staates blieb, daß er keine volle Souveränität besaß und von den Alliierten besetzt war. 1955 waren noch 40 000 Russen (in Niederösterreich, dem Burgenland und in Oberösterreich nördlich der Donau), und 20 000 Westalliierte (Franzosen in Tirol und Vorarlberg, Engländer in Kärnten und Steiermark und Amerikaner in Salzburg und Oberösterreich südlich der Donau) im Lande. Die Hauptstadt Wien war in Sektoren aufgeteilt, die innere Stadt wurde gemeinsam von einer interalliierten Kommandantur – deren sichtbarer Ausdruck die «Vier im Jeep» waren – verwaltet. Die Kosten für diese Besetzung mußte das wirtschaftlich schwache Land selbst bezahlen.

Der Abschluß eines Staatsvertrages – eine Art Sonderfrieden nach dem Zweiten Weltkrieg – war daher das vorrangige Ziel der österreichischen Politik, doch die Verhandlungen gestalteten sich schwierig. Zwar konnte nach dem Konflikt zwischen Tito und Stalin der Anspruch Jugoslawiens an Südkärnten als erledigt betrachtet werden, aber andere Fragen, vor allem die des «deutschen Eigentums» (also alles, was in der Zeit von 1938 bis 1945 in Österreich im Besitz von Deutschen war) erwiesen sich mit den Sowjets als schwer lösbar.

Erst nach dem Tod Stalins, während des «Tauwetters» in den Ost-West-Beziehungen, kamen 1954 die ersten vielversprechenden Ergebnisse zustande. Der Schlüsselbegriff der Endphase der Verhandlungen war das Wort «Neutralität», für die auch die österreichischen Parteien eintraten. Im März 1955 kam es in den Verhandlungen in Moskau, die auf der Seite Österreichs Bundeskanzler Julius Raab (ÖVP) und Außenminister Leopold Figl (ÖVP) führten – auf seiten der SPÖ war der junge Staatssekretär Bruno Kreisky beteiligt – zum Durchbruch, und am 15. Mai 1955 konnte der Österreichische Staatsvertrag von den Außenministern der Alliierten und dem österreichischen Außenminister im Belvedere in Wien feierlich unterzeichnet werden. «Österreich ist frei» formulierte Figl vor den freudetrunkenen Menschen, die diesen Tag herbeigesehnt hatten.

Österreich wurde damit als souveräner Staat wiederhergestellt, der Anschluß für null und nichtig erklärt; die Minderheitenrechte wurden ebenso wie das Habsburgergesetz von 1919 Teil des Vertrages. In letzter Minute war es sogar noch gelungen, die Mitschuld Österreichs am Zweiten Weltkrieg aus dem Vertrag zu streichen ... Im Hinblick auf die Freude über das Ende der Besatzung wogen die finanziellen Leistungen, zu denen sich Österreich in den nächsten Jahren verpflichten mußte, vergleichsweise gering.

Die Interpretation der Neutralität durch Österreich war in der Folge eine ganz andere, als es das Schweizer Vorbild nahelegte. Österreich wurde schon 1955 Mitglied der UNO und 1956 des Europarates, österreichische Truppen – ein Bundesheer auf der Grundlage allgemeiner Wehrpflicht wurde nach 1955 eingeführt – waren an verschiedenen UNO-Einsätzen beteiligt, und Wien wurde Sitz verschiedener internationaler Organisationen (IAEO = *International Atomic Energy Agency*, OPEC = *Organisation of Petroleum Exporting Countries*, UNIDO = *United Nations Industrial Development Organisation* etc.).

Die politischen Verhältnisse der Zweiten Republik

Im Vergleich zur Ersten Republik verlief die Entwicklung nach 1945 friedlich. Die beiden großen Parteien hatten sich über weite Strecken entideologisiert, waren bereit zur Zusammenarbeit. Die katholische Kirche zog sich aus der Politik zurück, wahrte gleiche Distanz zu den Parteien und wurde nur in einigen Fragen (z. B. Abtreibung und liberale Sexualgesetzgebung) aktiv. Bis 1966 pflegten die beiden Großparteien, die einen hohen Organisationsgrad der Mitglieder aufwiesen und zusammen bis 1986 einen Stimmenanteil von 80–90% auf sich vereinigten, eine große Koalition. Die Sozialpartnerschaft machte das Land stabil, das Schlagwort der wirtschaftlichen Lebensunfähigkeit, wie es in der Ersten Republik herrschte, war vergessen. Wiederaufbau, Landschaft, Natur, Kultur, Sport, Sozialstaat, Sozialpartnerschaft und Neutralität waren die positiven Schlagworte des neuen Österreich der Zweiten Republik, mit dem sich ein Großteil der Bevölkerung (immerhin rund drei Viertel befürworteten auch eine «österreichische Nation») identifizierte. Von einem Anschluß hatten die meisten – von einigen Ewiggestrigen abgesehen – genug.

Das Bekenntnis zur Demokratie war bei den meisten Österreicherinnen und Österreichern vorhanden, deutlich ablesbar an der Wahlbeteiligung, bei der Österreich von 1945 bis 1978 an der Spitze Europas lag; dennoch ist eine «Verspätung» der zivilen Gesellschaft festzustellen, die nicht zuletzt mit der «Kompromißgesellschaft» der großen Koalition und dem Kammerstaat – hier zeigte sich das Erbe des Austrofaschismus auch nach 1945 als durchaus lebendig – zusammenhängt.

Die große Koalition, die auch die Gunst der «Goldenen 60er Jahre» nützen konnte, kam zunehmend in innere Konflikte, die sich vor allem an der Frage der Rückkehr der Habsburger entzündeten. Otto Habsburg, der Sohn des letzten Kaisers, hatte 1961 die verlangte Verzichtserklärung auf den Thron abgegeben. Nach langem Hin und Her – die SPÖ hatte heftig gegen seine Einreise opponiert – konnte er ins Land einreisen. Doch der monarchistische Gedanke erhielt dadurch keinen Aufschwung, und 1982 konnte Bruno Kreisky sogar der Exkaiserin Zita, die keine Verzichtserklärung unterschreiben wollte, den Aufenthalt in Österreich gestatten, sie ist schließlich auch in der Kapuzinergruft begraben worden.

Der Streit von ÖVP und SPÖ über diese Frage war nur das Symptom einer tiefergehenden Krise der großen Koalition, so daß sich der Parteiführer der ÖVP, Josef Klaus, nach einem großen Wahlsieg seiner Partei 1966 entschloß, eine ÖVP-Alleinregierung zu bilden. Trotz mancher positiver und zukunftsweisender Maßnahmen (z. B. im Sektor der Hochschulen und der Forschungsförderung) hatte die Regierung letztlich keinen Erfolg. Der neue Parteiführer der SPÖ, Bruno Kreisky, nützte die Zeit der Opposition, um ein neues Programm ausarbeiten zu lassen. In der Studentenrevolte 1968, die in Wien leicht operettenhafte Züge aufwies, grenzte er sich klug von den radikalen Forderungen ab, konnte aber den Schwung des Linkstrends nützen. In den Wahlen 1970 gewann die SPÖ sieben Mandate hinzu und wurde zur stärksten Partei, allerdings hatte sie keine Mehrheit im Parlament.

Die Ära Kreisky und ihr Erbe

Kreisky bildete 1970 überraschend eine Minderheitenregierung, die in vielen Fragen von der FPÖ, zu deren Gunsten man eine Wahlrechtsreform durchführte, unterstützt wurde. In Neuwahlen erhielt die SPÖ 93 der damals 183 zu vergebenden Mandate und hatte damit die absolute Mehrheit errungen, die sie bis 1983 behielt und sogar ausbaute. Eine wirtschaftlich gute Ausgangslage und ein großer Reformbedarf machten den Anfang dieser 13 Jahre Alleinregierung der SPÖ, der Ära Kreisky, besonders erfolgreich. Viele waren bereit, «ein Stück des Weges» gemeinsam mit der SPÖ unter dem «bürgerlichen» Bruno Kreisky zu gehen. Eine Vielzahl an Reformen wurde durchgeführt: eine große Rechtsreform (unter dem Justizminister Christian Broda), die vor allem auf dem Gebiet des Sexualstrafrechts, der Rechte der Frauen und im Familienrecht Modernisierungen brachte. Demokratiepolitische Bestrebungen (in Schulen und Universitäten, Schaffung einer Volksanwaltschaft, Herabsetzung der Wehrdienstzeit und Einführung des Zivildienstes) waren wesentliche Errungenschaften jener Zeit.

Während die Anlaufphase der Regierung(en) Kreisky noch im Zeichen der Hochkonjunktur stand, wurde durch den «Öl-Schock» Mitte der 70er Jahre die Lage schwieriger. Der Versuch, die Arbeitslosenzahlen niedrig zu halten, führte zu einer hohen Staatsverschuldung, die bis heute Probleme mit sich bringt. Die hohen Sozialleistungen – in der Zeit der wirtschaftlichen Blüte (Kindergeld, Heiratsprämie, starke Erhöhungen der Pensionen) eingeführt – erwiesen sich ebenfalls langfristig als eine schwere Belastung für das Budget.

Ein steigendes Umweltbewußtsein brachte einen erheblichen Gegenwind für die Politik; erstmals war man damit 1978/79 konfrontiert, als man das Atomkraftwerk in Zwentendorf (in Niederösterreich nahe Wien) in Betrieb nehmen wollte. Die Konflikte gingen quer durch Parteien und Familien, in einer

Volksabstimmung entschieden sich 50,5 Prozent der Bevölkerung gegen die Inbetriebnahme von Zwentendorf.

Weder die Probleme mit den Minderheiten in Kärnten (Ortstafelstreit) noch Fragen der Integration von ausländischen Arbeitskräften brachten die Regierung in entscheidende Schwierigkeiten, aber die wirtschaftliche Flaute sowie Skandale und Korruptionsaffären, in die sich die SPÖ, die als «Partei der sauberen Hände» angetreten war, zunehmend verwickelte, kratzten am Image der Partei. 1983 verlor die SPÖ die absolute Mehrheit; Kreisky ging – wie er es für den Fall einer Wahlniederlage angekündigt hatte – in Pension und hinterließ seinen Nachfolgern ein überaus schwieriges Erbe.

Die SPÖ, die nun von Fred Sinowatz geführt wurde, koalierte zunächst mit der FPÖ unter dem liberalen Norbert Steger, aber die Regierung agierte nicht sehr glücklich. Wirtschaftliche Krisen, politische Affären und der Kampf um den Bau eines Flußkraftwerks bei Hainburg, in dessen Zug die Hainburger Au 1985 besetzt wurde (damit begann der Aufstieg der Grünen!), destabilisierten die Regierung. Mit dem Führungswechsel in der FPÖ und der Präsidentschaftswahl 1986 war das Ende der Post-Kreisky-Ära gekommen.

Veränderung des politischen Klimas 1986 – Zusammenbruch des «Ostblocks» 1989 – Beitritt zur EU 1995

Das Jahr 1986 brachte zwei große Veränderungen in der österreichischen Innenpolitik. In der Bundespräsidentschaftswahl 1986 kandidierte mit Kurt Waldheim ein Mann, der schon 1971 Franz Jonas als Bundespräsidentschaftskandidat unterlegen war und dann von 1971 bis 1981 als Generalsekretär der Vereinten Nationen amtiert hatte. Im Wahlkampf wurde manches aus der Vergangenheit Waldheims aufgedeckt, das ihn in unappetitlicher Nähe zum Nationalsozialismus zeigte, wenn sich auch der Vorwurf, er sei ein Kriegsverbrecher, als nicht beweisbar erwies. Sein ungeschickter Umgang mit der Wahrheit – er gab immer nur zu, was man ihm beweisen konnte, und fand nie Worte des Bedauerns für das, was vorgefallen war – polarisierte die österreichische Bevölkerung. Politischer Konflikt war wieder ein Thema in vielen Kreisen, doch wurden in diesem Wahlkampf auch lange erledigt geglaubte Dinge wie ein politischer Antisemitismus sichtbar und – wenigstens in manchen Kreisen – wieder gesellschaftsfähig. Ein zweiter Teil des Rechtsrucks in der Gesellschaft des Jahres 1986 hängt mit der inneren Entwicklung der FPÖ zusammen. Auf einem Parteitag der FPÖ wurde Norbert Steger abgewählt, an seine Stelle trat der Rechtspopulist Jörg Haider, der die FPÖ auf einen anderen, weitaus rechteren Kurs führte, als es bislang der Fall gewesen war. Das Phänomen «Haider», dessen Wirken die FPÖ von einer kleinen Partei zur zweitstärksten im Lande machte – und auch wieder zum Status einer kleinen Partei zurückführte –, hat die Zeit von 1986 bis heute in der österreichischen Politik geprägt. Haider verstand es geschickt, den rechten Rand der Wählerschaft anzusprechen und mit einer ausländerfeindlichen, dem Nationalsozialismus gegenüber revisionistischen Politik zu punkten, was ihm besonders nach 1989 gut gelang. Doch er konnte seine Partei auch zu einer Protestpartei gegen die Verfilzung der österreichischen Gesellschaft und gegen das Proporzdenken von Rot und Schwarz stilisieren, konnte mit jugendlichem Verhalten junge Wähler ansprechen und mit Slogans wie «Leistung muß wieder zählen» Teile der jungen dynamischen Mittelschicht gewinnen.

Franz Vranitzky, der 1986 die Nachfolge von Sinowatz angetreten hatte, beendete die Koalition mit der FPÖ, und diese wurde in Zukunft von der SPÖ und lange auch von der ÖVP als nicht koalitionsfähig angesehen und isoliert. In den Neuwahlen 1986 hat die SPÖ allerdings neun Mandate verloren, die Grünen erstarkten, doch als die eigentliche Sensation erschien allen, daß die neue FPÖ mit 16 Mandaten beträchtlich an Stärke gewonnen hatte. Nach dieser Wahl kehrte man zum Modell der großen Koalition zurück, die bis zum Jahr 2000 andauerte und sich in einer ständigen Bedrängnis durch die in ihrer Stärke wachsende FPÖ befand. Trotz der Abspaltung einer liberalen Gruppe von FPÖ Abgeordneten unter Heide Schmidt 1993 zum Liberalen Forum (LIF) gewann die Haider-FPÖ ständig an Gewicht, in den Wahlen des Jahres 1994 hatte die FPÖ schon 42, das LIF immerhin noch 11 Mandate, und als im Jahr darauf wieder Neuwahlen stattfanden, aus denen die SPÖ gestärkt hervorging, blieb die FPÖ relativ stark (40 Mandate). 1997 wurde der Quereinsteiger Vranitzky von dem Manager Viktor Klima abgelöst, beide waren typische Vertreter des «Nadelstreifen-Sozialismus». Bei erneuten Wahlen Ende 1999 ergab sich folgende Mandatsverteilung: SPÖ 65, ÖVP 52, FPÖ 52, Grüne 14. Um einige hundert Stimmen war die FPÖ sogar stärker als die ÖVP – im Lande Kärnten, erreichte sie bei Landtagswahlen 1999 gar über 40% der Stimmen.

In dieser Situation entschied die ÖVP unter Wolfgang Schüssel, die Koalitionsverhandlungen mit der SPÖ platzen zu lassen, und schloß überraschend eine Regierungskoalition mit der bisher so verteufelten FPÖ unter der Vizekanzlerin Susanne Riess-Passer. Die Reaktionen im In- und Ausland gegen diese schwarz-blaue Koalition waren heftig, die EU verfügte ein Einfrieren der bilateralen Beziehungen zu Österreich, und im Inland gingen fast eine Viertelmillion Menschen im Protest gegen diese Regierung auf die Straße. Die Koalition ÖVP–FPÖ, die schnell und brutal (Motto: *speed kills*) eine Reihe von Reformen durchsetzte, wurde – mit einer gestärkten ÖVP nach einer Krise der FPÖ und Neuwahlen 2002 – bis zu den Wahlen 2006 fortgesetzt. In diesen verlor die ÖVP dramatisch und mußte eine große Koalition unter der Führung der SPÖ eingehen. Verluste der beiden Koalitionsparteien in den Wahlgängen 2008 und 2013 führten dazu, daß sie derzeit nur mehr eine knappe Mehrheit im Parlament haben. Drei «Mittelparteien» (SPÖ 52 Mandate, ÖVP 47, FPÖ 40) liegen dicht beieinander. Auch neue Parteien (die Gruppe um den in Kanada lebenden Industriellen Frank Stronach und die NEOS) sind im Parlament vertreten. Zwar konnte die Koalition die Finanzkrise ab 2008 relativ gut bewältigen, scheint aber unfähig, sich in entscheidenden Fragen (Verwaltungsreform, Bildung, Steuer etc.) zu einigen.

Ein weiteres einschneidendes Ereignis bildete der Zusammenbruch des Ostblocks 1989 und das Verschwinden des Eisernen Vorhanges, das Österreich mit einer völlig neuen Situation konfrontierte. Der Staat am einstigen Eisernen Vorhang wurde nun zu einer Drehscheibe des neuen Europa mit all den damit verbundenen Chancen und Gefahren, die diese Veränderung mit sich brachte. Die aufbrechenden nationalen Konflikte vor allem im ehemaligen Jugoslawien brachten den Krieg an die Grenze Österreichs, und auch das Problem der Flüchtlinge stellte sich in neuer Weise. Neben den politischen Flüchtlingen waren es jetzt auch viele «Wirtschaftsflüchtlinge», die in den Westen drängten. Österreich – ein Land mit traditionell humanitärer Gesinnung gegenüber Flüchtlingen – begann sich nach 1989 zunehmend zu verschließen, und aus der politisch wie moralisch problematischen Instrumentalisierung der Ausländerfrage konnte man politisches Kapital schlagen.

Österreich selbst war – auch das letztlich ein Ergebnis von 1989, denn bis dahin hatte sich die Sowjetunion gegen eine Vollmitgliedschaft Österreichs in der EU (Anschlußverbot!) ausgesprochen – nach einer Volksabstimmung 1994, die diesbezüglich eine solide Mehrheit für den Beitritt erbracht hatte, am 1. Januar 1995 als vollwertiges Mitglied der EU beigetreten. Seit dem 1. Januar 1999 (bzw. in der Realität seit 2002) ist Österreich auch ein EURO-Land. Der Beitritt zum Schengener Vertrag, durch den der Osten Österreichs zur Außengrenze der EU wurde, hat das Vorgehen gegen ins Land Kommende weiter verschärft.

Neue Herausforderungen und Perspektiven

Viele Probleme stehen in der Gegenwart und der unmittelbaren Zukunft zur Lösung an. Die meisten dieser schwer zu lösenden Fragen sind nicht spezifisch österreichisch – wie etwa die Umweltprobleme, die internationale Politik (Krieg und Terror) oder auch die Frage der Pensionsvorsorge und der Alterspyramide, die sich in vielen Staaten Europas in ähnlicher Weise stellt. Viele der offenen Fragen hängen jedoch mit der spezifischen geographischen Lage des Landes zusammen, das an vier der neuen EU-Länder (Beitritt 2004: die tschechische und die slowakische Republik, Ungarn und Slowenien) grenzt. Aus dieser Situierung ergeben sich Chancen und Risiken, nicht zuletzt auch, weil die Einkommensverhältnisse in Österreich und seinen östlichen Nachbarn noch sehr unterschiedlich sind. Viele der zu erwartenden Entwicklungen werden von der EU abhängen – im Positiven (z. B. Mobilität zwischen den europäischen Bildungsinstitutionen) wie im Negativen (z. B. Transitfrage). Manche der politischen Schwierigkeiten sind aber auch spezifisch für das Land und haben ihre Wurzeln in der politischen und gesellschaftlichen Entwicklung der jüngeren Vergangenheit – so etwa die Beseitigung der Reste des alten rot-schwarzen Proporzes (der allerdings häufig durch einen neuen, schwarz-blauen ersetzt wird), die damit zusammenhängende Entpolitisierung (oder Umpolitisierung) sowie die neoliberale Privatisierung weiter Bereiche der Wirtschaft und Gesellschaft. Ein sicherlich schwieriges Problem in diesem Zusammenhang wird auch der Umgang mit der Neutralität sein, die nach 1989 in Diskussion geraten ist. Während ein Teil der Österreicherinnen und Österreicher – nicht zuletzt weil sie mit dieser Idee aufgewachsen sind – die Bewahrung der Neutralität weiterhin für ganz entscheidend hält, plädieren andere mehr oder minder offen für eine Aufgabe der Neutralität und einen Beitritt Österreichs zur NATO, dem westlichen Verteidigungsbündnis.

In allen diesen und vielen anderen Fragen, die durch Schlagwörter wie Globalisierung, Internationalisierung, Wirtschaftswachstum, Übergang zu einer Freizeit-, Konsum- und Informationsgesellschaft, lebenslanges Lernen etc. beschrieben werden, ist Österreich keine isolierte «Insel der Seligen» mehr, wie man die Bürger noch vor einigen Jahren glauben machen wollte.

Sicherlich sind viele der Entwicklungen, die sich in Österreich (und Europa) abzeichnen – bei aller Fortschrittsskepsis – als positiv zu bewerten, aber sie können nicht über gravierende Schwächen hinwegtäuschen. Die Entdemokratisierung in vielen Bereichen – ein Rückfall hinter das in den 70er Jahren Erreichte – und der Abbau des Sozialsystems in einem Klima wachsender Unbarmherzigkeit neoliberaler Politik stellen Fragen an die Zukunft, vor deren Beantwortung dem Staatsbürger, der dieses Buch geschrieben hat, graut. Als Historiker aber ist er erfreulicherweise – wie das so trefflich gesagt wurde – ein Prophet der Vergangenheit, nicht der Zukunft.

Literaturverzeichnis

In Anbetracht der Kürze dieses Büchleins können in dieser Literaturübersicht nur einige Überblicksdarstellungen und Nachschlagewerke angeführt werden, die alle Literaturangaben enthalten, die den Leserinnen und Lesern helfen sollen, sich in Einzelfragen zur österreichischen Geschichte zu vertiefen.

Spezifische Lexika und Atlanten

Bruckmüller, Ernst: Österreich Lexikon, 3 Bde. (Wien 2004)

Czeike, Felix (Hg.): Historisches Lexikon Wien, 5 Bde. (Wien 1992–1997)

Österreichisches Biographisches Lexikon 1815 bis 1950, 10 Bde. (Wien–Graz–Köln 1957 ff.)

Scheuch, Manfred: Historischer Atlas Österreich (2. Auflage Wien 1994)

Wurzbach, Constant von: Biographisches Lexikon des Kaisertumes Österreich (1750–1850), 80 Bde. (Wien 1856–1891)

Überblickswerke

Wolfram, Herwig (Hg.): Österreichische Geschichte, 15 Bde. (Wien 1994 ff.) Bände der Reihe von Herwig Wolfram, Karl Brunner, Alois Niederstätter, Thomas Winkelbauer, Karl Vocelka, Helmut Rumpler, Ernst Hanisch, Roman Sandgruber. Dazu Ergänzungsbände von Otto Urban (Urgeschichte), Verena Gassner/Sonja Jilek und Sabine Ladstätter (Römerzeit); Rudolf Leeb, Maximilian Liebmann, Georg Scheibelreiter und Peter G. Tropper (Geschichte des Christentums); Eveline Brugger, Martha Keil, Albert Lichtblau, Christoph Lind, Barbara Staudinger (Geschichte der Juden)

Bruckmüller, Ernst: Sozialgeschichte Österreichs (Wien–München 2. Auflage 2001)

Kleindel, Walter: Österreich. Daten zur Geschichte und Kultur (Wien–Heidelberg 1978)

Lehner, Oskar: Österreichische Verfassungs- und Verwaltungsgeschichte. Mit Grundzügen der Wirtschafts- und Sozialgeschichte (Linz 1992)

Scheithauer, Erich und Schmeiszer, Herbert und Woratschek, Grete (Hg.): Geschichte Österreichs in Stichworten, 4 Bde. (Wien 1971–1976)

Tautschner, Anton: Wirtschaftsgeschichte Österreichs auf der Grundlage abendländischer Kulturgeschichte (Berlin 1974)

Tremel, Ferdinand: Wirtschafts- und Sozialgeschichte Österreichs (Wien 1969)

Vocelka, Karl: Geschichte Österreichs. Kultur – Geschichte – Politik (Graz–Wien–Köln 2000, als Heyne Taschenbuch 827, München 7. Auflage 2013)

Walter, Friedrich: Österreichische Verfassungs- und Verwaltungsgeschichte

von 1500 bis 1955 (Veröffentlichungen der Kommission für Neuere Geschichte Österreichs 59, Wien–Köln–Graz 1972)
Wandruszka, Adam und Urbanitsch, Peter (Hg.): Die Habsburgermonarchie, bisher 11 Bde. (Wien 1973 ff.)
Weinzierl, Erika und Skalnik, Kurt: Österreich 1918–1938. Geschichte der Ersten Republik, 2 Bde. (Graz–Wien–Köln 1983)
Weinzierl, Erika und Skalnik, Kurt: Österreich. Die Zweite Republik, 2 Bde. (Graz–Wien–Köln 1972)
Zöllner, Erich: Geschichte Österreichs. Von den Anfängen bis zur Gegenwart (Wien 8. Auflage 1990)

Geschichte der Bundesländer

Handbuch der historischen Stätten Österreichs: Lechner, Karl (Hg.): Donauländer und Burgenland (Stuttgart 1970, Nachdruck 1985) und Huter Franz (Hg.): Alpenländer und Südtirol (Stuttgart 2. Auflage 1978)
Bilgeri, Benedikt: Geschichte Vorarlbergs, 5 Bde. (Wien 1971–1987)
Burmeister, Karl Heinz: Geschichte Vorarlbergs. Ein Überblick (Wien–München 4. Auflage 1998)
Csendes, Peter: Geschichte Wiens (Wien–München 2. Auflage 1990)
Dopsch, Heinz und Hans Spatzenegger (Hg.). Geschichte Salzburgs, 2 Bde. in 6 Teilen (Salzburg 1981–1991)
Ernst, August: Geschichte des Burgenlandes (Wien–München 2. Auflage 1991)
Fontana, Josef u. a.(Hg.): Geschichte des Landes Tirol, 4 Bde. (Bozen–Innsbruck 1985–1988)
Gutkas, Karl: Geschichte Niederösterreichs (Wien–München 1984)
Haider, Siegfried: Geschichte Oberösterreichs (Wien–München 1987)
Opll, Ferdinand und Peter Csendes (Hg.): Geschichte Wiens, 1. Bd. (hg. Opll, Ferdinand und Peter Csendes): Von den Anfängen bis zur Ersten Wiener Türkenbelagerung (1529) (Wien–Köln–Weimar 2001), 2. Bd. (hg. Vocelka, Karl und Anita Traninger): Die frühneuzeitliche Residenz (16. bis 18. Jahrhundert) (Wien–Köln–Weimar 2004), 3. Bd. (hg. Csendes, Peter und Ferdinand Opll): Von 1790 bis zur Gegenwart (Wien–Köln–Weimar 2006)
Riedmann, Josef: Geschichte Tirols (Wien–München 3. Auflage 2001)
Zaisberger, Friederike: Geschichte Salzburgs (Wien–München 1998)

Habsburger

Hamann, Brigitte: Die Habsburger. Ein biographisches Lexikon (Wien–München 1988)
Vacha, Brigitte (Hg.): Die Habsburger. Eine europäische Familiengeschichte (Graz–Wien–Köln 2. Auflage 1993) Text von Walter Pohl und Karl Vocelka
Vocelka, Karl und Heller, Lynne: Die Lebenswelt der Habsburger. Kultur- und Mentalitätsgeschichte einer Familie (Graz–Wien–Köln 1997)
Vocelka, Karl und Heller, Lynne: Die private Welt der Habsburger. Leben und Alltag einer Familie (Graz–Wien–Köln 1998)

Auswahl-Register